本丛书得到何东先生独资赞助

This series of books is financially supported exclusively
by Mr. Eric Hotung.

20世纪中国文物考古发现与研究丛书

晋文化

刘 绪/著

文物出版社

一　晋侯墓地 M63、M62、M64 全景（由北往南摄）

二　晋侯墓 M64

三　曲村 M6210 局部

四　晋侯墓 M114 出土鸟尊

五　晋侯墓 M8 出土方壶

六　晋侯墓 M8 出土兔尊

七　晋侯夫人墓 M63 出土筒形器

八　太原金胜大墓 M251 出土铜灶

20 世纪中国文物考古发现与研究丛书

序 / 张文彬

　　俗称"锄头考古学"的田野考古学的诞生以及中国考古学学科体系的基本完善，由此而引起的古物鉴玩观赏著录向科学的文物学的转变，是 20 世纪中国学术与文化界的大事。它从材料与方法两个方面彻底刷新了持续了数千年之久的中国古代史学传统，不但为中国学术界和文化界开拓出更加广阔的研究天地，也为一切关心中华民族悠久历史和灿烂文明的人们不断地提供了可贵的精神滋养和力量源泉。

　　仰古、述古、探古，进而考古，向来为我国传统文化中一个明显的学术特点。先秦时期诸子百家发其端，汉代司马迁撰写《史记》，北魏郦道元作注《水经》。他们对相关的遗迹遗物，尽可能地做到亲自考察和调查，既能辨史又可补史。这种寻根追源的治学态度，为后世学术上的探古、考古树立了榜样。此后，山河间的访古和书斋式的究古相继开展，特别是对古器物的研究，成了唐、宋时期的文化时尚。不少学者热衷于青铜铭文、碑刻、陶文、印章等古文字的考释，进而有了对器物的辨伪鉴定、时代判断、分类命名等，逐渐兴起了一门新的学问——金石学，涌现出许多著名的古器物鉴赏家和收藏家。只是囿于当时的历史条件，金石学家们无法了解所见文物的出土地点和情况，也难以涉及史前时代漫长的演进历程，因而长期以来始终脱离不了考证文字和证经补史的窠臼。即使如此，他们的艰辛努力和取得的成绩，还是为推动我国传统文化的发展起到了积极作用，并且在事实上也为中国考古学和中国文物学的起步铺设了最早的一段道路。

20世纪初，近代考古学由西方传入。中国学者继承金石学的研究成果，学习并运用西方考古学方法，开始从事田野考古，通过历史物质文化遗存，探寻和认识古代社会，揭示人类社会发展规律。早在1926年，中国学者就自行主持山西南部汾河流域的调查和夏县西阴村史前遗址的发掘。随后，我国学者同美国研究机构合作，有计划地发掘周口店遗址，发现了北京猿人。从1928年起至1937年，连续十五次发掘安阳殷墟遗址，取得了较大收获，引起了国内外学术界的重视。自20世纪50年代以后，随着国家大规模经济建设的进行，田野考古勘探、调查和科学发掘工作在全国范围内蓬勃有序地开展，许多重要的典型遗址和墓地被揭露出来，重大发现举世瞩目。它们脉络清晰，层位分明，文化相连，不仅弥补了某些地域上的空白，而且衔接了年代上的缺环，为研究中国古代史、文化史、科学史以及其他学科领域，提供了珍贵、丰富的实物资料，极大地影响着人文社会科学诸多学科专业的研究与发展。这段时间被学术界称为中国考古学的黄金时代。在马列主义理论指导下，具有中国特色的考古学理论体系和方法论逐渐形成。有关研究成果不仅极大地改变和丰富了人们对中国文明起源、中国古史发展等重大问题的认识，同时也扩展了中国文物的研究领域和研究方式。可以说，考古学的发展与进步，直接影响到文物学的形成与发展，而且影响到全社会对文化遗产重要作用的认识以及世界学术界对中国古代文明的重新认识。

从 20 世纪 80 年代开始，文物界就中国文物学的创立，逐渐取得共识，在共同探讨的基础上，初步形成了学科体系。不少学者发表了有关论文，出版了专著，就文物的历史价值、科学价值、艺术价值以及在社会主义的物质文明与精神文明建设中如何对文物进行有效保护、合理利用发表意见。这些研究成果已获得学术界的赞同。

在这世纪之交和千年更替之际，对中国考古学和中国文物事业作一次世纪性的回顾和反思，给予科学的总结，是许多学者正在思考和研究的问题。如果能通过梳理 20 世纪以来重大发现和研究成果，透视学科自身成长的历程，从而展望未来发展的方向，以激励后来者继续攀登科学高峰，无疑是一件很有意义的事。为此，经过酝酿、商讨和广泛征求意见，我们约请一批学者（其中有相当多的中青年学者）就自己的专长选择一个专题，独立成篇，由文物出版社编辑出版一套《20 世纪中国文物考古发现与研究丛书》，并以此作为向新世纪的献礼。

从某种意义上说，《20 世纪中国文物考古发现与研究丛书》是一套学科发展史和学术研究史丛书。其内容包括对 20 世纪考古与文物工作概况的综合阐述；对一些重要的考古学文化和古代区域文化研究情况的叙述；对文物考古的专题研究；对重要的文物考古发现、发掘及研究的个例纪实。

此套丛书的内容面广，而且彼此关联。考虑到各选题在某些内容上难免会有重叠或复述，因此在编撰之初，我们要求各选题之间互有侧重，彼此补充，以期为读者了解 20 世纪中国考古学和文物学的发展提供更多的视角。

我国的文物与考古工作，虽在 20 世纪得到了迅速发展，但仍有许多重大学术问题需要进一步探索。我们主持编辑这套丛书，除了强调材料真实，考释有据，写作态度严谨求实外，也不回避以往在工作或研究上曾经产生的纰漏差错和不足之处，以便为今后的工作和研究提供借鉴。虽然我们尽了很大努力，但限于水平，各篇仍很难整齐划一。由于组稿和作者方面的困难和变化，一些计划之中的题目也未能成书。这些不周之处，敬请专家、学者和广大读者批评指正。

在丛书编印过程中，我们得到了文物、考古界的广泛支持。何东先生在出版经费上给予了热情帮助。在此，一并深表感谢。

2000 年 6 月于北京

目　　录

插 图 目 录

前

言

　　所谓晋文化是指两周时期晋系考古学文化。由于这一考古学文化以文献记载的国名命名，故确切地说，晋文化应是西周、春秋时期晋国和战国时期韩、赵、魏三国的考古学文化。时间始于叔虞被封，终于韩、魏、赵灭亡；分布地域包括晋国与三晋的领地；所包含的族类以姬姓为主体，还有"怀姓九宗"等他族。考虑到晋从始封到三晋称雄，通过兼并他国，族系越来越多，领地也不断扩大，由"河汾之东方百里"扩大到地方数千里[1]，在不同阶段它与邻国疆域的进退变化在考古学文化上难以准确把握。考虑到这种情况，因而本书所涉及的材料超出了晋文化的严格界定。西周时期，并不限于"河汾之东方百里"的晋国材料，也包括了距晋不远的诸如洪洞、芮城、长子等地的他国材料；东周时期，如辉县部分墓葬、潞城潞河墓葬等，其国别或族属难以论定，也都按晋文化对待。

　　晋文化遗物在西汉时期就有发现。《史记·孝武本纪》云："其夏六月中，汾阴巫锦为民祠魏脽后土营旁，见地如钩状，掊视得鼎。"《汉书·武帝纪》记载，元鼎元年"得鼎汾水上"，此"魏脽后土"即万荣后土祠，所得之鼎应出于庙前东周墓地。后来，这里在唐代和清代又出土铜器若干。另外，西晋时期汲郡（今河南汲县）挖掘一座大墓，出土大批竹简，《竹书纪年》即其中之一，其内容记述夏、商、周史事，东周部分不以周而以晋国纪年，三家分晋后又以魏国纪年，故该墓被认为是魏王墓。这两个地点出土的遗物虽然多属晋文化，但其发现均属偶然，当时也不可能从考古学角度去认识其文化属性。

近代考古学传入中国以后，上述两个因出土过重要文物而早已著称于世的地点很快便引起了学者的关注。

1930 年，卫聚贤代表北平女师大与山西图书馆合作，在万荣后土祠进行了发掘[2]。其用意显然是想获取诸如铜鼎一类周代遗物，可结果是仅获得五铢钱、瓦当等汉代器物。在当时，即使获得周代亦即晋文化遗物，也未必能提出晋文化的概念。尽管卫聚贤的行为在客观上起到了探寻晋文化的作用，但主观上还未达到认识晋文化的程度。他的这次发掘，可视为是对晋文化的一次潜意识探寻。

1928 年，汲县山彪镇修路时发现一些墓葬，引起村民挖掘。1931 年郭宝钧对该墓地进行了调查。1935 年，村民又发现一座大墓，先由省方派员发掘，后中央研究院也派员参加发掘，此即著名的山彪镇一号战国大墓。同年，距山彪镇不远的辉县琉璃阁亦有文物出土，中央研究院闻讯后遂在辉县进行了第一次发掘[3]。此后于 1936 年和 1937 年，河南省博物馆与中央研究院又分别发掘了一些东周墓葬。这些墓有的保存完好，遗物甚丰，如甲、乙墓等。因辉县和汲县在东周时期主要属晋，而历史上又有汲冢魏王墓之说，故这几年的发掘应属晋文化考古的范畴。但从工作的缘起和目的来看，仍谈不上是主动对晋文化进行探寻和研究。

有目的的主动的探寻晋文化的考古工作开始于 20 世纪 50 年代初。1952 年，山西省文物管理委员会一成立，就注意了对晋国遗址的调查，首先在侯马白店村采集到了东周陶片。1955 年又在西侯马、宋郭、籧祁村、汾上和白店村等地发现大面积东周文化层和丰富的文化遗物，并意识到这一带有可能与晋国都城"新田"有关。次年，侯马考古工作站成立并开始了正式发掘[4]，于是侯马的考古工作轰轰烈烈地开展起来，很快取得了一系列重要发现。到 60 年代，晋国最晚的都城新田基本被认定。

无论是汲县、辉县，还是侯马新田的文化遗存都属东周时期晋文化遗存，那么西周时期的晋文化如何？晋国早期都城又在何处？当新田被认定之后，这些问题自然成为进一步思考和探讨的内容。

依文献记载，晋国始封地最大可能在曲沃、翼城一带，早期晋都应在这一带探寻。1962 年，翼城凤家坡出土了西周早期青铜器，同年又发现天马—曲村遗址。1971 年考古工作者在曲村清理一座被破坏的西周早期铜器墓，这一发现和凤家坡的发现具有同等重要的意义，表明两处遗址在西周早期都有贵族存在，并非普通聚落，为探寻早期晋文化和早期晋都提供了重要线索。1979 年，北京大学历史系考古专业与山西省文物工作委员会合作，在翼城和曲沃两县进行了大规模考古勘察，并在曲村、南石、苇沟—北寿城等地进行了试掘。本次勘察收获颇丰，其中晋文化方面除第一次建立了西周时期晋文化陶器编年和发现苇沟—北寿城城址外，最突出的是认识到了天马—曲村遗址的重要性。正如本次勘察工作的主持人邹衡先生所言："天马—曲村晋文化遗址，论其规模之大，埋藏之丰富，气势之雄伟，只有侯马晋国遗址可与之相比，而是苇沟—北寿城遗址所不及的。侯马为晋都，此处似亦非一般晋邑。"在通过对两遗址各自繁荣期的时代排比之后，邹衡先生认为侯马晋国遗址"就是直接继承天马—曲村遗址而来的。侯马既是新绛，则天马—曲村遗址自然有可能就是故绛了"[5]。有鉴于这一重要推断，从 1980 年开始，北京大学和山西省组成联合考古队，对天马—曲村遗址进行了长期连续的大规模发掘，包括晋侯墓地的发掘。

到 20 世纪末，晋文化的考古工作主要集中在侯马和天马—曲村遗址，其他遗址所做工作相对较少。这些遗址的发现构成了全面认识晋文化的基础。若总结 20 世纪晋文化考古发现与研究的成果，主要有以下几个方面。

首先是获取了丰富的考古资料。居址方面有城址、大型建筑、铸铜作坊、制圭作坊、盟誓遗址等。其中侯马铸铜作坊是现知东周时期规模最大的一处；制圭作坊和出盟书的盟誓遗址仅见于晋国，他国尚未发现。墓葬包括各种等级，从晋侯到平民乃至身份更低的人。更为难得的是，这些墓葬有相当数量保存完好，历史上未遭盗扰，为全面、系统研究周代葬制及其他方方面面提供了极其珍贵的资料。这是周代他国考古发现难以相比的。

其次是建立了完整的晋文化考古学编年，上起西周之初，下迄战国之末。特别是天马—曲村晋侯墓、太原赵卿墓的发现，不仅为编年断代提供了可靠的已知点，而且使编年的材料扩大到诸多方面，为今后研究其他地区周代考古学文化分期编年确立了标尺。迄今为止，周代他国（周王室除外）在这方面无一能与之相匹，如楚与秦，考古成果都很大，但缺少西周时期遗存；燕国收获也不小，但东周时期编年不全。其他各国大体如此。

再次是发表了大量完整的考古资料，其中以《天马—曲村（1980～1989）》发掘报告最为典型。该报告既发表了两周时期居址各单位的各类典型器物，又对近 600 座有随葬品的两周晋文化墓葬逐一全面介绍，在周代考古发掘报告中，其资料发表之全绝无仅有。加上晋侯墓地、侯马上马墓地、盟誓遗址、铸铜作坊以及其他遗址发表的资料，使晋文化内涵更加丰富多彩，为今后全面、系统地研究晋文化奠定了坚实的基础。

当然，晋文化考古工作也存在一些问题，比如天马—曲村遗址作为早期晋都还没有发现城垣、大型建筑、铸铜等手工业作坊[6]；侯马新田几座城址的关系、城内的布局等还不清楚；东周晋公大墓还未找到，对三晋王墓亦所知甚少[7]，等等。这些都是今后田野考古工作需要解决的。至于全面的综合性研究，由于大量而系统的资料多发表于20世纪90年代，显得有些薄弱，远没有楚文化和秦文化研究那么热烈。但可以预见，晋文化的研究将会很快步入一个繁荣阶段，并对周代其他相关方面的研究产生巨大影响。

本书是对20世纪晋文化重要考古发现与研究成果的初步总结。重要发现很多，介绍难以面面俱到，唯力求概括得当，倘有疏漏甚至谬误之处，当以原发掘报告为准。至于以往晋文化的研究成果，虽涉及范围不可谓不多，但论著甚少，且远不够系统。书中在总结和介绍前人研究成果的同时，也把大量个人研习心得贯穿于内，意在充实薄弱环节。限于资料与本人能力，不周不当之处难免，敬请读者见谅并斧正。

注　释

[1] 依《史记·苏秦列传》苏秦所言，赵国"地方二千余里"，韩国"地方九百余里"，魏国"地方千里"。

[2] 卫聚贤《中国考古学史》第127页，商务印书馆1998年版。

[3] 郭宝钧《山彪镇与琉璃阁》，科学出版社1959年版。

[4] 杨富斗《侯马考古工作概况》，《晋文化研究座谈会纪要》，1985年11月，侯马。

[5] 北京大学历史系考古专业山西实习组、山西省文物工作委员会《翼城曲沃

考古勘察记》,《考古学研究（一）》,文物出版社 1992 年版。

[6] 有铸铜业与大型建筑存在的迹象,如发现有陶范和瓦等,但未找到铸铜作
　　坊和大型建筑的确切位置。

[7] 有学者认为新绛柳泉 M301 等墓是晋公墓,尚有可疑之处。三晋王墓只发掘
　　了被疑是魏王墓（或疑为赵王墓）的辉县固围大墓和新郑许岗韩王大墓,
　　两者各自一组,实际是各自一王及其夫人之墓,都被盗惨重。

一 晋文化的重要考古发现

（一）天马—曲村

天马—曲村遗址位于"河汾之东"的翼城县和曲沃县交界处，东距翼城县城约 12 公里，西南距侯马新田遗址约 25 公里，北倚塔儿山（又名崇山、乔山），南望绛山（又名紫金山），汾河在其西，浍河在其南，滏河从遗址东南边缘绕过。

该遗址发现于 1962 年，因当时的发现主要限于天马村一带，故最初称为天马遗址，1965 年被定为省级文物保护单位。后来的考古工作证明，遗址的范围并不限于天马村附近，而且还包括曲沃县北赵、毛张和曲村三个自然村及他们之间的广阔地带，东西长约 3800 米，南北长约 2800 米。其中曲村附近分布着密集的周汉墓葬，因而改称为天马—曲村遗址（图一）。1996 年该遗址被公布为国家级文物保护单位。

1963 年，北京大学历史系考古专业部分毕业班学生在山西省文物工作委员会张万钟先生的指导下，对该遗址进行了第一次试掘。

1971 年，侯马工作站派员在曲村清理了一座被破坏的西周铜器墓。

1979 年，北京大学历史系考古专业（1984 年改为考古学系）和山西省文物工作委员会考古队（1980 年改为考古研究所）合作，由邹衡先生负责，带领部分毕业班学生和双方业

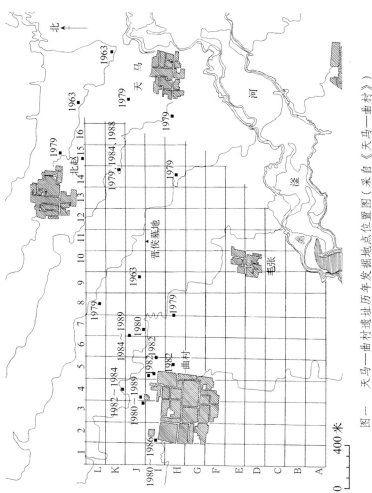

图一 天马—曲村遗址历年发掘地点位置图（采自《天马—曲村》）

务人员对该遗址进行了第二次试掘和大规模调查[1]。此后大致每隔一年就进行一次大规模发掘，到 1994 年年底，共发掘 12 次，揭露面积 2 万余平方米。

遗址内古文化遗存相当丰富，主要有仰韶文化、龙山文化、东下冯类型文化和周秦汉等时期文化。其中属于周代的晋文化遗存最为普遍，几乎见于整个遗址各地段，不仅有居住址，而且有包括晋侯墓在内的各种级别的墓葬。如果仅就西周时期而言，本遗址晋文化遗存分布范围之大仅次于周都沣镐遗址。

晋文化居址主要见于曲村以东至上述另三个村庄之间的地带，时代从西周早期到战国晚期，尤以西周和春秋早中期遗存最多见。在毛张村村西南有一座古城，20 世纪 60 年代尚能看到不少城垣，现仅存其西南角少许。1963 年对该城进行了调查和试掘，得知其平面略呈方形，边长约 600 米。时代属战国至汉。1980 年以来居址中已发掘到的遗迹主要有房子、水井、陶窑、灰坑和烧坑等。

居址中晋文化遗物相当丰富，除大量陶容器外，还出土有青铜器、铁器、玉石器、骨角器、蚌器及小件陶制品。还发现有陶范和筒瓦，说明有铸铜作坊和规模可观的大型建筑基址，这些都有待今后去探寻。铸铜作坊和大型建筑的存在证明天马—曲村遗址并非一般村落遗址[2]。

晋文化墓葬共分两区，一区为晋侯墓地，位于遗址中部，其所在地今属北赵村。另一区为中小墓墓地，位于遗址西部边缘今曲村村北和村西。两处墓地相距约 1200 米[3]。

晋侯墓地东西长约 150 米，南北宽约 130 米。墓地内文化堆积简单，大部分墓葬打破生土。墓口以上叠压的最早堆积属东汉时期，说明这里自辟为晋侯墓地以来，直至东汉从未经过扰动。本墓地共有大型墓葬9组19座，所属时代从西周早中期之交到春秋初年。其中有7座于20世纪90年代初遭受盗掘，1座于90年代末被盗，其余11座保存完好。从1992年春开始，北京大学考古学系和山西省考古研究所组成的考古队对其进行了连续抢救发掘，到2000年底，把19座墓全部清完[4]。9组墓分南北3排（图二）。

晋侯墓地的发掘为研究周代埋葬制度，为确定多种器物的用途和期别以及探讨晋国历史等提供了空前的丰富资料，已引起学术界高度重视，不少学者就相关问题发表了见解，下文将作专门论述（见第四部分）。

曲村附近的中小墓墓地共进行过7次较大规模的发掘，揭

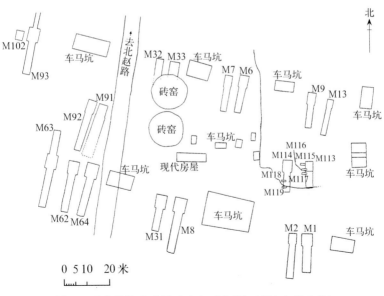

图二　晋侯墓地平面图（采自《文物》2001年第8期）

露面积 13800 平方米，清理两周墓葬 739 座，全部是长方形竖穴土坑墓。其中西周和春秋墓 677 座，战国墓 62 座。清理西周车马坑 6 座，战国祭祀坑 58 座，西周人、牛丛葬坑 1座。根据调查、钻探及其他方面提供的线索，得知本墓地东西长约 800 米，南北宽约 600 米。如果中间没有太多空白，按照已发掘墓葬的密度推算，整个墓地的墓葬总数可能逾 2万座[5]。

以往 7 次发掘的探方，分布在 5 个发掘区（I2、J2、J3、J4、K4 区，见图一）[6]。在此范围内明清层或耕土层直接叠压着各时期墓葬，包括有周代墓（含祭祀坑）、汉墓和元明墓。仅在 J3、J4 区的局部发现少许汉代遗存，而这些汉代遗存很可能与同时期汉墓有关。由此可见，这一带从西周到元明时期一直是墓葬区。

在 739 座两周墓葬中，西周和春秋早期墓最多，有 675座，包括全部西周和春秋早期各阶段，其间未有缺环。其次是 62 座战国墓，时代从战国早期到战国晚期偏早阶段。春秋晚期只有 2 座，其特征与上述各时期墓明显有别，因数量太少，难以代表该时期墓葬各方面特征。

西周和春秋早期墓在 5 个发掘区都有发现，但西周早、中期墓主要见于墓地东部的 J4、K4 发掘区，而西周晚期墓在这两区相对较少，墓地西部晚期墓增多，在西部的 J2、I2 区主要是西周晚期墓和春秋早期墓。看来，在此期间，墓地总的扩展过程是由东向西。墓葬分布相当密集，大部分发掘区平均10 平方米就有一座。虽然如此密集，而且同区内的墓葬早晚时间跨度很长，但相互之间打破者极少。墓葬的方向（以墓主头向为准，下同）主要有两种，一种是北向，占半数以上；一种是东向，占 1/3 强。西向和南向者很少。相对而言，同方向的墓往往比较集中地分布在一定范围内，其中既有随葬青铜礼器的中型墓，也有仅随葬陶器甚至无任何葬品的小型墓。他们相互交错，看不出因等级不同而在分布上形成的差异，也看不出因早晚之别在分布上有何规律。除部分随葬青铜礼器的中型墓（一般均属各墓域最大的墓）男女成对并列外，其他看不出因性别不同在分布上有什么定制可循。发掘的 6 座车马坑均属这一时期，另外还有 6 座（在K4 区）仅揭出口部而未清理，由其周围墓葬推知，此 6 座未发掘者亦属西周时期。12 座车马坑共分两类，一类是长方形，规模较大，共 2 座，内置三辆车十多匹马。此类车马坑所属主墓明确，均为夫妇并列，且有鼎簋等青铜礼器的中型墓。车马坑与主墓的位置，都是主墓在西，车马坑在东，车辕和马头都朝向东方，此与晋侯墓地相同。另一类是梯形，规模小，共 10 座，根据已发掘者得知坑内大多置一车二马。此类车马坑所属主墓难以确定，但其方向与前一类相同，即车辕与马头都为东向。

62 座战国墓集中发现于 J2、I2 发掘区，这两个区位于墓地西南边缘，东南距毛张战国、汉城约 1600 米。因这些战国墓与西周和春秋早期墓同处一地，故打破现象较多，但战国墓本身未见相互打破。战国墓的方向绝大部分为北向，约占同时期墓 90％；东向墓减少，约占 10％左右。与北向墓相比，东向墓有特殊之处，或为儿童，或为屈肢。这批战国墓的等级差别远没有同地西周和春秋早期墓悬殊，最高级别是陶礼器墓，未见铜礼器墓。各类墓亦交错分布，唯夫妇成对并列者增多，相互位置多数为男右女左，少数相反。

在墓葬形制与结构方面，西周和春秋早期者一般口部面积愈大则墓室愈深，口部面积小则墓室相对较浅。前者葬品多，后者葬品少。本墓地这一时期最大一墓是 M6081，属西周早期。墓口 4.1×3.15 平方米，深 7.5 米，出土青铜礼器 12 件，其他还有车马器、兵器、工具和装饰品等。

58 座战国祭祀坑集中分布在 J3、J4 发掘区，位于上述战国墓东部偏北，相距近 200 米。因与西周和汉墓同处一地，故有的被汉墓打破，有的打破周代墓。所有祭祀坑都为长方形竖穴土坑，方向都在 10 度左右。坑口最大者长 170 厘米，宽 80 厘米；最小者长 38 厘米，宽 31 厘米。最深者 840 厘米，最浅者 16 厘米。比较而言，牛坑和马坑都很深，从口至底多在 750 厘米以上，一直挖到含沙砾的红土层，似有一定含义。其平面分布颇有规律，全部共分五列，列与列大致平行，间距相当。每列方向亦在 10 度左右，几乎正对塔儿山最高峰（或许同方向距祭坑不远处另有祭祀对象，待寻）。在发掘范围内，每列祭坑数量不等，分别由若干组组成。组与组间距亦大致相近。每组祭坑之数也有区别，其中二坑并列为一组者最多，也有一部分是三坑并列或一坑独自成组（有的可能因后世破坏仅剩一坑）。除少数空坑外，每坑一牲。凡二坑并列者，一般每坑一马或一牛一羊，属后一类者，牛坑皆在东，稍大且深；羊坑皆在西，稍小且浅。凡三坑并列者，则从东往西分别为一牛、一羊和空坑。牛坑最大最深，空坑最小最浅，羊坑介于两者之间。空坑当属血祭坑或肉祭坑。一座坑独自成组者用牲不一，或牛或马或羊。所有祭牲都是不足一年的幼仔。部分牛坑或马坑坑底牲骨下置有一两件玉器，所见有璧、璜、龙形佩和钺等。

（二）坊堆—永凝堡

坊堆—永凝堡遗址位于霍山（太岳山）西南麓，西距汾河约6公里，今属洪洞县。这里是临汾盆地的北部边缘，往北约30公里是处于霍山腹地的霍州市，传周厉王所奔之彘就在该地。

坊堆—永凝堡遗址地下水位较高，50年代初坊堆周围有不少泉水涌出，农业以稻作为主。村民取土或烧砖只能以附近的台地为目标，其中坊堆南被称为"南宫"的台地和永凝堡东堡村被称为"桃林里"的台地自然成为取土对象。因台地都有古文化堆积和周、汉、唐等时期墓葬存在，故取土时常有陶器和铜器等遗物发现。比如1953年永凝堡东堡村村民在台地上建窑时即发现上百件铜器和陶器[7]，于是山西省文物管理委员会于同年7月在这里进行了第一次试掘，并在附近包括坊堆村在内进行了调查，确认这是一处规模较大的古文化遗址[8]。1954年11月，山西省文物管理委员会又在坊堆村村南的台地上进行了试掘，清理了周代灰坑2座，各时期墓葬68座，其中周代墓18座[9]，并在一探沟中第一次发掘出西周时期的有字卜骨，这也是迄今为止山西唯一的一块有字卜骨[10]。以上两次发掘是1949年以来山西境内较早的重要发掘，引起学术界高度重视。文化部文物局和中国历史博物馆派员做过调查。由于文献中有洪洞一带是周代杨国之地的记载，故很自然会把这些发现与杨国联系起来。为了进一步更广泛更深层地探讨杨国封地，1960年山西省考古研究所派员对位于坊堆—永凝堡遗址南十余公里的安乐村古城进行了调查[11]，确定了古城的范围，并在北城墙墙基下发现春秋时灰坑。在城内采集不少东周与汉代遗物，包括有字瓦当和有字方砖等，初步认为该城早期阶段可能与羊舌胖食邑有关；晚期则是汉代的杨县治所。

1980 年 6 月和 10 月，山西省文物工作委员会考古队两次派员在永凝堡东堡一带调查、钻探和发掘。钻探面积 13000 余平方米，发现灰坑 20 个，墓葬 56 座。其中位于村东南的 22 座西周墓分别由省考古队和临汾地区文物培训班清理[12]，获得一批新资料。

1980 年和 1986 年，北京大学考古系部分师生两度对该遗址及其南的安乐村古城进行了调查。对两处遗址的文化堆积、分布和属性等有了进一步的了解[13]。

通过上述工作得知，坊堆—永凝堡遗址规模很大，文化堆积在坊堆、永凝堡和南秦三个自然村之间分布普遍，其范围东西长约 3000 米，南北宽约 1500 米，包括有仰韶文化、龙山文化（陶寺类型）、二里头文化东下冯类型和周代遗存，其中周代文化遗存最为丰富。以往的工作主要限于发掘周代墓葬。

经过发掘的周代墓 48 座，其中西周墓 40 座，见于坊堆村南和永凝堡东堡村东南两处；战国墓 8 座，均见于坊堆村南。

西周墓分属西周早、中、晚期，两处均如此。全部墓皆为长方形竖穴土坑。依墓室保存较好的永凝堡东堡一处而言，规模最大者（永 BM5）墓口长 5 米，宽 3.7 米，深 8.5 米，为三鼎二簋墓，并出土青铜兵器和车马器，时代属西周晚期。

坊堆村南的 8 座战国墓亦为长方形竖穴土坑，其中·墓东侧壁有陈放器物的小龛。最大一墓长 3.35 米，宽 2.3 米。

坊堆—永凝堡遗址以往的发掘主要限于墓葬，对居址的情况了解甚少。西周三鼎墓的存在和有字卜骨的发现说明本遗址在西周时期并非一般村落，居址中一定有与墓主及有字卜骨使用者身份相符的遗存。尤其是有字卜骨的发现，似乎表明这里还居住过比三鼎墓墓主身份更高级别的人物。与其他发现西周有字甲骨的遗址相比，这种推测不无可能。现知西周遗址中出土甲骨文之地主要有陕西周原、沣西，河北邢台南小汪，北京房山琉璃河、镇江营与昌平白浮。这些有字甲骨，除白浮出自墓葬另当别论外，其余五处均为居址所出，其中四处均非一般遗址。周原和沣西乃周王祖居与都城所在，邢台与琉璃河分别是西周诸侯国邢与燕的始封地。虽然并不能依此断定只有周王和诸侯居处之所才会发现甲骨文，但相比之下坊堆有字卜骨的发现不能不使我们想到该遗址亦有可能是某诸侯国之国都，是否与霍、杨有关，确实值得注意。

（三）侯马新田

侯马新田遗址位于汾浍之交的三角地带，与天马—曲村遗址同处临汾盆地南端。其东、南分别与曲沃和闻喜为邻；西、北分别与新绛和襄汾接壤。

该遗址发现于1952年，1955年山西省文物管理委员会派员进行了第一次调查，发现遗址内东周时期文化遗存颇为丰富，而且范围甚大，初步意识到可能是晋国晚期都城新田所在[14]。1956年，由国家文物局组织的晋南五县文物普查队再次对侯马遗址进行调查，得知该遗址在本次五县所有被调查的遗址中内涵最为丰富，认为是晋国当时极为重要的城市[15]。由于本次调查是国家文物局首次组织的文物普查试点工作，全国有广东等 9 个省派文物干部参加[16]。因此，其调查结果备受关注，侯马遗址立即引起学术界的重视。同年，中国科学院考古研究所专门派员进行了考察；山西省文物管理委员会设立了侯马文物工作站，派出专门人员对该遗址勘探和发掘。至 20 世纪 50 年代末，发现了牛村和平望两座古城以及牛村南的铸铜作坊和制骨作坊。在南西庄、上马和乔村发掘了部分祭祀坑和墓葬。60 年代初，国家文物局直接组织全国十余个文物考古单位的工作人员对侯马遗址进行了两次大规模发掘，国务院专门下发了《关于加强侯马地区古城址的勘探发掘工作的通知》文件，并将侯马东周遗址列为第一批全国重点文物保护单位。此后对侯马遗址的调查、发掘和研究工作一直持续不断，该遗址成为山西省考古工作开展时间最长，收获最丰硕的遗址。先后发现多处东周城址、祭祀遗迹、各类手工业作坊和墓地。同时还发现有新石器时代和夏商时期遗存[17]。遗址东西长约 8 公里，南北宽约 5 公里，范围之大为东周时期少见（图三）。

1. 城址

如果以今侯马市为中心，则在半径不足 10 公里的范围内共发现 8 座大小不等的东周城址，即平望、牛村、台神、白店、马庄、呈王、北坞、凤城古城。这种密集分布的现象在列国城址中独具一格，自当有其特殊原因。其中平望、牛村和台神三座城址相互依托呈"品"字形分布。虽然对三者建造的前后次序因缺乏可靠的考古学层位依据难以确定，但各自城墙的走向、宽度与城外隍壕的设置却表明他们不仅在建造上有先后之别，而且在使用上也有密切的内在联系。从城内出土的大量遗物来看，文化特征基本相同，说明三者的使用年代大致同

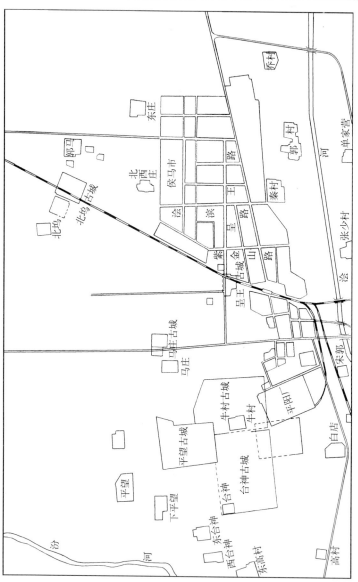

图三 侯马新田遗址遗迹分布图

时。结合晋文化分期与各期年代推断，可知这三座城址的使用年代与晋都新田的年代相符。

三座城址以平望古城最小，平面近似南北向长方形。南北以西墙计长 1284 米，东西以南墙计长 860 米；台神古城最大，平面呈东西向长方形。西墙长 1250 米，南墙长 1660 米。三城总面积约 440 万平方米。在"品"字形城墙的外围有隍壕环绕，距城墙近者 5 米，远者 10 余米。口部宽度一般都在 10 米以上。隍壕一般深 4 米左右，最深可达 6 米。

三座城城内都有很多规模不同的夯土建筑基址，其中牛村古城内还有一小城，位于城内中偏北。城内的夯土基址多埋没于地下，唯平望和牛村二城内还各有一座高于地表的大型夯土台基。平面都近方形，边长分别为 75 米和 52.5 米，高出地表8.5 米和 6.5 米。两者均呈三级台阶状，顶部都有 1 米厚的瓦类等建筑物堆积，显然是当时最重要的建筑[18]。此外，各城内都发现了与手工业作坊有关的遗存。比如平望城内西南部出有陶范和坩埚；台神城内中西部发现有炼渣等；牛村城内东部有制陶与制石圭的场所。至于其他遗迹，如道路、排水设施等也有少许发现。其他地区东周城城内往往分布有较多甚至成片的与城同时的墓葬，但上述三城却发现很少，经过发掘者不足10 座。值得注意的是在台神古城西北角外不远处，紧邻汾河南岸有三座东西并列，高耸于地表的夯土台基，间距 40 米。中间一座最大，规模超过平望古城内的台基，其平面呈南北向长方形，南北长 90 ~ 100 米，东西宽 80 米，高出地表 7 米。两侧台基稍小，其中西侧一座保存较好，为东西向长方形，东西长 30 米，南北宽 20 米，高出地表 3 米。在已公布的有关资料中均未提到其顶部或附近有无瓦类等建筑遗物，如果确无此类遗物，其性质应与平望、牛村二城内的高台建筑有别。

白店古城发现于 60 年代初，1992 年进行了大规模钻探。该城北端被台神和牛村二城叠压，建筑年代相对稍早，遭受后期破坏较为严重。其平面呈长方形，南北长 980 ~ 1000 米，东西宽 740 余米。墙体四周有隍壕，距城墙多为 8 ~ 15 米，少部分地段为 2 米。壕口宽 9 ~ 12 米，自深 1.5 ~ 4 米不等。城内有关遗存甚少，1992 年的钻探仅知"在原南墙及其以南的位置上分布着百余块夯土"[19]，究竟与古城关系如何？属何种性质？都不明了，有待发掘解决。

呈王古城位于侯马市北，东呈王村西南，西距牛村古城约 1400 米。发现于 1965 年，1984 年进行了钻探和发掘[20]。它在侯马晋国诸城中保存最差，规模最小。该城由两座南北并列相依的小城构成，两者均为东西向长方形。北面一座稍大，东西长约 400 米，南北宽约 168 米；南面一座紧依北城南墙东段，范围很小，东西长约 214 米，南北宽约 105 米。两者总面积约 9 万平方米。城内建筑仅在北城近中部发现两处，均为夯土基址。依城内出土遗物可知，该城使用年代亦属晋都新田时期。

马庄古城位于侯马西北，马庄村东北，西距平望古城约 1300 米，其东南和东北分别是呈王古城和北坞古城。马庄古城于 20 世纪 60 年代初发现，城墙在地表无存，地表以下保存较好[21]。该城由一大一小两座东西并列相依的小城构成。东城稍大，南北长 350 米，东西宽 265 米；西城较小，南北长 250 米，东西宽 200 米。墙外有隍壕，距城墙 4 米余。二城城墙共发现 3 处豁口，应为城门。城内遗迹以西城东北角的夯土台基最为突出，现存南北长 26 米，东西宽 20 米，高出地表 6

米，方向与城墙一致。马庄古城自 60 年代初调查以来再未开展工作，缺少断代依据，但从城墙建筑方法等分析，其年代大致亦与侯马地区上述诸城相当。

北坞古城位于平望古城及牛村古城东北约 4 公里处，今北坞村东南，是侯马东周古城中最北面的一座。该城发现于 1965 年，80 年代前半进行了大规模勘探和发掘，在侯马地区诸东周城址中，对此城了解的程度比较详细[22]。北坞古城亦埋没于地下，系由两座相隔 8 米，东西平行并列的小城组成。西城较小，平面略呈方形（其西南部被村庄破坏），南北长382 米，东西宽 372 米。墙体保存较差，高不足 1 米。东城稍大，平面为长方形，南北长约 570 米，东西宽约 493 米。墙体比西城保存较好，高处可达 1.5 米，宽 3.5～6 米。两城共发现 5 座城门，其中西城 1 座，东城 4 座，后者有 3 座位于南墙中部。城内均发现有夯土建筑基址，西城 12 处，东城 23 处，均分布在各自中南部。引人注目的是在东城西南部有三座东西并列的大型建筑，形制甚为奇特，应具有特殊功用，有学者认为是"府库"类设施，颇有可能。此外，城内还发现有道路、铸铜场所和地穴式房子等，"显然是一座具备多种功能的城邑"，其规模大于呈王古城和马庄古城似乎也说明了这一点。依出土遗物得知，北坞古城的使用年代亦为晋都新田时期。

凤城古城位于曲沃县城西南，南临浍河，西距牛村古城约9 公里。该城发现于 1956 年，1960 年和 1988 年山西省考古研究所侯马工作站先后进行了钻探与发掘[23]。1982 年，北京大学考古专业部分师生进行了调查[24]。该城有内外两城，两者方向一致，当属统一规划。外城的北墙和西墙在地表仍有迹可寻，尤其是北墙东段尚有 3～4 米耸立于地表，宽 9～11 米。

南墙仅在林城村和城小村之间发现一段，紧邻浍河，其余均被
浍河冲毁，东墙地表无存，1982 年在安吉村西北一水塘壁上
看到城墙夯土断面。如此可知，外城东西长约 3200 米，南北
宽约 2600 米。根据 1960 年对西墙的解剖发掘得知，西墙经过
增补加厚，总宽度约 12 米。墙外约 18 米处有宽 16～25 米，
深近 4 米的城壕。内城位于外城内南半中部偏东，其南端包括
全部南墙被冲毁，但北墙和河岸以北的东、西墙于地表都可断
续看到，部分地段高近 3 米。内城北墙长 1100 米，东、西墙
残长分别约 600 米和 1000 米，墙体近基部宽约 12 米。由于以
往几乎未在城内进行发掘，所以对城内文化遗存了解甚少。至
于该城的始建和使用年代，可依发掘与调查材料做大致推断。
1960 年发掘获知，外城西墙由四部分组成，"墙 1 年代较早，
墙 2 和墙 3 时代较为接近，墙 4 最晚。而墙 3 中包含有战国时
期的陶鬲、陶盆残片"。从简报介绍的数据与剖面图来看，年
代接近的墙 2 和墙 3 是外城城墙的主要部分，说明这主要部分
的始建年代不早于战国。内城没有发掘，1982 年调查时，于
内城西墙南段（西韩村小学北面）城墙夯土下发现一灰坑，
出有鬲、豆、盆等，属春秋早期；在外城墙夯土中采集一块有
盘心坑的豆片，亦属春秋早期，可知内、外城的始建年代都不
早于春秋早期。无论内城还是外城，地表所见遗物绝大部分属
战国和汉代。1988 年在外城之北不远处发掘的 10 座墓葬，大
部分属春秋战国之际；在外城之东北，今曲沃县城小南关及其
以东，另有一处战国墓地。这些都说明该城的主要使用年代属
于战国和汉代。在该城兴建之前，这里已有村落存在，时代主
要属西周晚期和春秋早期，其文化遗存主要见于紧邻浍河的南
阳至东韩村一线。

2. 作坊遗址

侯马新田遗址主要发现有铸铜、制陶、制骨和制圭等手工业作坊，其中铸铜作坊遗址规模之大，遗物之丰在东周遗址中首屈一指；制圭作坊遗址则更为罕见。各类作坊独自成区，不同区域的同类作坊产品有别，反映了手工业内部的结构体系。

（1）铸铜作坊

在侯马新田遗址范围内，与铸铜有关的遗物在多处发现，如平望、台神和北坞三城内、白店村西南和西北一带、侯马镇与西侯马之间[25]、西北庄与呈王路祭祀建筑附近等地[26]，或出有陶范，或出有坩埚，或出有炼渣。而牛村古城南（今平阳厂所在地）一处范围最大[27]。在东西长约 1200 米，南北宽约 800 米的地段内，与铸铜作坊有关的文化遗存普遍存在。其中陶范数量之多尤为惊人，仅在第 Ⅱ 和第 ⅩⅫ 号两个发掘点就出土了 3.8 万块，包括有礼乐器、兵器、车马器、工具和空首布范等。其中 ⅩⅫ 号发掘点西北一个灰坑中（PXH）竟出土带钩范和车马具范 1.5 万余块；在 ⅩⅫ 号发掘点东南的 ⅣⅤ 号发掘点则堆积有成层、成坑的空首布芯头，估计在 10 万件以上。此外，这一带还发现数以万计的熔炉和鼓风管，在一座地穴式房子里还发现有未经浇铸使用的陶范和制范用的细沙，应该是制范或阴干陶范的场所。Ⅱ 号发掘点还发现一座烘范窑。在出土小件遗物中发现大量磨石和铜质与骨质刻刀。磨石与其他石器相比，数量之多寡相差甚为悬殊，其他所有石器，包括非工具类的 67 件石圭在内总计约百来件，而磨石却近千件之多。刻刀形式多样，大小成套，造型精巧，而且在同类质地的工具中亦为数最多。如铜刻刀出土 96 件，而其他所有铜工具仅 10 余件；骨刻刀出土 122 件，而其他所有骨质工具不足 50 件。

此种现象与一般居址通常所见颇为不同，这些磨石与刻刀应该是铸铜生产中的专用工具。

由各种器物范分别集中堆积在某一地点或某些单位的现象可知，当时铸铜作坊内部在制作产品的品种上已有分工，而且从事大批量生产。

关于牛村古城南铸铜遗址的年代，因大量陶范器形可辨、纹样鲜明，而且多与陶器等遗物共存，故年代容易确定。《侯马铸铜遗址》据20世纪50~60年代的发掘材料定为春秋中期偏晚到战国早期，即晋都新田时期。这一结论得到80年代以来发掘材料的进一步证实。80年代以来的发掘还发现牛村古城南墙墙基叠压着铸铜遗址早期遗存，而铸铜遗址中晚期遗存又打破城墙基部[28]。这既说明铸铜遗址的形成过程并不短暂，又说明牛村古城在新田诸城中并非最早，其建造年代当在春秋中晚期之交。

（2）制陶作坊

制陶作坊在当时非常普遍，不同规模的居址都应存在，其制作场所通常以陶窑为主要标志。作为都城的侯马新田遗址陶窑自然不会太少，但目前所见陶窑的地点并不多，不过有两处却相当密集，而且有一处还在陶窑旁边发现一间堆放着陶器胚胎的房子，显然属制坯工作间。这种制坯场所与陶窑就近配套的设施在田野考古中很难遇到，可谓真正的制陶作坊。这处制陶作坊位于侯马市五一路南今农贸市场一带。共清理5座陶窑和1座制坯房子[29]。平均每个探方就有一座陶窑，其密集程度可想而知。

另一处陶窑址位于老侯马镇与西侯马村之间，1956年在这里发掘两个探方77平方米，清理陶窑6座，窑与窑的间距极近，"有的几乎连在一起，但无叠压或打破关系"[30]，应属同时统一规划建造，其密集程度不亚于农贸市场处所见。其他地点属零星发现，见于牛村古城内东部、铸铜作坊南不远处[31]以及浍河南岸上马村北[32]。综合已发现的所有陶窑（烘范窑除外），其结构有所不同，大别之可分为两类。一类是半倒焰式馒头窑，数量少。另一类是改造型升焰窑，数量多，上述两处密集的陶窑均属此类，为其他遗址少见。升焰窑有两种，一种火膛在窑室前，一种火膛在窑室之下。后一种在夏商周时期常见，火膛与窑室之间的窑箅为原生地层，建造工艺较为复杂。而上述两处升焰窑的窑箅并非原生地层，而是用陶质炉条搭建而成，其方法是在室内周壁一定高度留出土台或挖出洞孔以承托炉条。可以装卸更换的窑箅当然比固定不动的窑箅更科学、更合理。在这类陶窑中还出有很多类似匣钵的陶质窑具，其形多为无底筒状或杯状，大小不一，口与腹部多有三四个半月形或三角形缺口。

各处窑址烧制的产品有所不同，有的以豆为主，有的以瓦为主。两类陶窑的年代属春秋战国之际，前一类较后一类稍早。

（3）制骨作坊

制骨作坊不像铸铜、制陶那样有容易辨认的遗迹，如熔炉、陶窑等，它主要靠遗物来确定，即以堆积有丰富的骨料及骨器半成品、废品为标准。如此，在侯马新田遗址共发现三处。一在牛村古城南铸铜作坊附近；一在侯马镇西门外；一在农贸市场制陶作坊南不远处[33]。三处都没有做太多的工作，有的主要依靠调查所见而定。共同特点是都发现有大量被截锯下来的骨料和骨器半成品等，其上切、锯、刮、锉、磨痕迹明显。与之伴出的小件器物还有磨石。

侯马东周居址和墓葬中发现不少精美的骨器，而且种类多样，它从一个侧面表明该遗址制骨业相当发达。

（4）制圭作坊

石圭出现较早，但其突然被大量使用则在两周之际，考古所见主要有两个方面，一是墓葬随葬品，尤以秦晋东周墓最为常见；一是祭祀用品，部分为盟辞载体，即所谓"石简"，主要见于三晋地区。此外，在晋地东周时期居址中，石圭往往是石器中出土最多的器物，可见，它在当时的需求量很大。侯马制圭作坊的发现表明其制作已有专门化机构。

该作坊位于牛村古城南，紧邻铸铜遗址。1962 年发现，1964 年和 1965 年分别进行了发掘[34]。在将近 1300 平方米的发掘范围内，清理各类遗迹近 300 座，其中不少房子和灰坑底部堆放着一定数量的石料、有加工痕迹的残石、石圭成品与半成品，有的厚达 0.3 ~ 0.4 米。而分布在发掘区南部一带的 3A 层几乎全部由这类遗物堆积而成，厚达 0.4 米，范围约 500 平方米，其数量之多难以计算。出土物中还有两种制作、加工石圭的工具数量也很可观，比一般生活居址所见多得多，一种是磨石，出 166 件。另一种是石刀，见于 65 个遗迹单位，共出数百件，均为砂岩。显然，这一带无疑是生产石圭的场所。

据发掘者研究，本处制圭作坊起始于春秋战国之交，终止于战国中期，历时约百年左右。

另外，在牛村古城东部也发现过石料堆积，可能是另一处制圭作坊，有待今后发掘证实。

3. 祭祀遗址

侯马祭祀遗址共发现八处，有七处位于浍河之阳，一处位于浍河之阴；距牛村古城近者 0.25 公里，远者 6 公里。各处均由密集的祭祀坑组成，少者数十，多者逾千，个别地点还有与祭祀相关的建筑基址。

这些祭祀坑绝大部分为长方形竖穴土坑。坑口长 0.25～1.7 米，宽 0.2～1 米，深度（自深）不一，最浅 0.1 米，最深可达 22.5 米。以南北向为主，东西向很少。多数坑内置有牺牲，少数为空坑。凡置牺牲之坑每坑各一牲，个别为二牲。牺牲种类有马、牛、羊、猪、狗、人六种，其中羊最多，其次是牛，再次是马；猪、狗数少，人牲仅一例，各处所见牺牲之数见下表（表一）。

表一　　　　　　侯马祭祀遗址简况一览表

地点	位置	坑　数		方　向		牺　　　牲						空坑	其他	参考文献
		发现	发掘	南北	东西	马	牛	羊	猪	狗	人	有牲不明		
呈王路建筑址26号地点	西距呈王古城1.2公里	130	62	61	1	9	15	30		3		3	2	无物	注释[35]
北西庄	牛村古城东4公里	40余	13	13		7		4					2	马坑出铜环	注释[36]
牛村古城南	城南250米	59	59	56	3	1有羊	1	2	2		1男	2	50	仅出2玉器	注释[37]

续表一

地点	位置	坑　数		方　向		牺　　　牲						空坑	其他	参考文献
		发现	发掘	南北	东西	马	牛	羊	猪	狗	人			
											有性不明			
省地质水文二队	北西庄南,西距呈王路建筑址1.1公里	400	400	400			4	362		1		1	32	无龛,多出玉器	注释[38]
省建机运站	西北距呈王路建筑址1公里	140	128	为主	个别	2	6	49				3	68	龛少,出玉器	注释[39]
秦村盟誓遗址	北距呈王路建筑址1公里	401	326	为主	少数	19	63	177					67	出盟书	注释[40]

续表一

地点	位置	坑 数		方 向		牺 牲							空坑	其他	参考文献
		发现	发掘	南北	东西	马	牛	羊	猪	狗	人	有牲不明			
煤灰制品厂	北距呈王路建筑址1公里，东距盟誓址0.6公里	156	大部，仅公布57坑	为主	个别	9	18	22		1			6	龛少，出玉器	注释[41]
西南张	浍河南，东北距牛村古城6公里	约2000	22	22		调查有	调查有	16					6	无龛，玉器少	注释[42]

　　空坑当为血祭或牲肉坑。坑之大小一般与牲之大小对应，马、牛之坑大，羊、猪、狗之坑小。同类牺牲之坑，往往成对或三坑同向并列。

　　不少坑内还出有玉石器，他们有的放在近坑底的壁龛内；有的置于坑底或填土中。其中秦村之西一处，在43个坑所出土的玉石器（大部为石圭）上有朱书盟辞，即著名的侯马盟

书。与之相伴的牺牲多数是羊，少数是牛和马。北西庄一处的
马坑中还有铜环。

牛村古城南一处的祭祀坑位于一座建筑的庭院内，该建筑
由主体建筑和环绕其东、北、西三面的墙组成。庭院内仅发掘
了西北角少部分，获祭祀坑 59 座，而大部分尚未发掘，估计
还有更多的祭祀坑存在。

在现知夏商周时期的遗址中，像侯马这样存在多处祭祀遗
址的现象实属独一无二。据研究，这些祭祀遗址的时代均属晋
都新田时期，显然，它的存在与这一时期晋国的思想崇尚和复
杂频繁的群卿之争有着密切的关系。

4. 墓葬

侯马新田遗址发现周代中小墓葬 2900 余座，其中发掘
2500 余座。这些墓葬集中见于牛村古城南[43]、上马[44]、东
高[45]、下平望[46]、乔村[47] 和秦村[48] 六处墓地。多数墓地分
布在遗址边缘，只有牛村古城南一处位于遗址中部。根据墓葬
各方面特征可将六处墓地分为两类，一类是正常形成的墓地，
包括上述前五处；另一类是非正常形成的墓地，即最后一
处——秦村排葬墓墓地。

（1）第一类墓地

第一类墓地之墓所包含的时代从西周中晚期之交到秦的统
一，早晚延续六百余年，充分反映了侯马地区西周中期以来中
小墓葬的特征及演变规律。比较而言，偏早的墓主要见于上马
墓地，时代从西周中晚期之交到战国初年；偏晚的墓主要见于
乔村墓地，时代从战国早期到秦统一。其余三处：牛村古城
南、东高、下平望墓地年代相当，大部分墓属春秋晚期和战国
早期，基本属晋都新田时期，少部分墓稍早或稍晚。

在第一类墓地中，上马墓地发掘最为彻底，整个墓地几乎全部揭露，先后共清理墓葬 1387 座，车马坑 3 座，马坑 3 座，牛坑 1 座。这些墓绝大部分保存完好，未经后世盗掘，完整的资料提供了大量信息。以下以上马墓地的材料为主，结合另四处墓地的材料对第一类墓葬各方面作概括介绍。

由上马墓地可以看出，整个墓地又分为若干墓域，墓域之间有空白地带相隔。

绝大部分墓为长方形竖穴土坑，战国中晚期出现洞室墓、有壁龛和有围墓沟之墓，后三者多属秦墓。长方形竖穴墓有直壁、袋状壁和斗状壁三种。后一种主要属战国时期。洞室墓有两种形制：墓室位于墓道一端的直洞式和墓室位于墓道一侧的偏洞式。壁龛多挖在墓主头前或两侧，用以陈放陶器等葬品。有围墓沟的墓多成片集中分布，围沟有四周封闭者，也有仅见于一面或二、三面之不封闭者。围沟内的墓或两座平行并列，或只有一墓。

所有的墓若依墓主头向为准，从早到晚主要是东向和北向，分别占墓葬总数 53/100 和 40/100。同方向的墓往往分布比较集中。

随葬青铜礼器的墓见于上马、牛村古城南和下平望 3 处墓地，这是侯马新田遗址发现的最高规格的墓。就上马墓地而言，共有 23 座，均属春秋时期。其中三鼎以上墓有 11 座，最高级别是五鼎墓，有 3 座。此类墓多为北向，与小型墓分布在同一墓域，但部分相对比较集中。

并列成对的所谓"对子墓"在春秋及其以前主要见于随葬青铜礼器的墓，而且以三鼎（含三鼎）以上墓为主。战国以来，此种现象在小型墓中逐渐增多和明显起来。

所见三座车马坑均位于上马墓地青铜礼器墓近旁。各自所属主墓分别为三鼎墓和五鼎墓,其规律是五鼎墓配五车;三鼎墓配三车。车马坑都位于主墓东北约10米左右处。

多数墓有木质葬具,偏早阶段单棺最多,如上马墓地。春秋晚期以来则一椁一棺者习见,如下平望墓地。至于葬具最多的一椁二棺墓则早晚都有,一般属高级别墓葬。比较特殊的是,椁壁的建造除常见的平铺叠砌者外,还有一部分立木为壁,发掘者称之为"柱壁式"。此种椁椁壁犹如鸟笼一般,系将圆或方木下端削尖直接插在墓底,柱与柱之间留有空隙,间距0.1~0.3米,宽者可达0.5米。柱顶取平,其上装置条木构成椁口边框,再上横铺无空隙椁盖。此类椁室多数无底。无论椁室采用何种建法,凡有底者,多为横铺,纵铺者很少,故而垫木亦少见。

墓主绝大部分为仰身,少数为侧身,个别为俯身。在仰身和侧身中,又以直肢为主,屈肢有下肢微屈和下肢叠屈二种,后者属秦式屈肢,时代偏晚。

殉人殉牲之墓仅见于上马墓地,殉人墓有3座,每墓各一人。其中二人为成年男性,一人为12~14岁儿童。所属墓主身份并不高,未见青铜礼器,葬品最多者(M6005)仅有1件陶鬲、1件骨簪和2枚玉口琀。时代约当春秋早期。这三个殉人的存在当有其特殊原因。殉牲墓有4座,每座一牲,共有二马二狗。多出在墓葬填土中。此外,上马墓地还在二十余座墓中出有祭牲骨骸,多为牛、羊、猪的肢骨。还有完整的幼猪骨架,一般置于铜鼎内。

随葬品因墓葬规模和年代不同而有区别,其主要特点概括如下:

铜礼器墓：三处墓地所见青铜礼器基本属春秋时期，仅个别属战国早期。三鼎以上墓全部出于上马墓地。青铜礼器基本组合变化是由鼎、盘、匜而鼎、敦（或簋）、舟、盘、匜而又鼎、豆、盘、匜。部分墓还出车马器、兵器和工具。其中三座五鼎墓属春秋晚期和战国早期，还配有数量不等的其他礼器，如鉴、壶、甒、鬲等，并都有编钟、编磬，墓主似乎都为男性。多数青铜礼器墓同出 1～2 件陶器，以鬲为主。成堆放置石圭和随葬较多玉、石装饰的现象也很常见。

陶器墓：陶器墓数量最多，延续时间最长，变化也最明显。在小型墓葬中，仅随葬一件陶鬲是从西周晚期到战国初年最流行的葬俗，尤其是西周晚期，极少见到其他器物。这与天马—曲村遗址同时期墓葬的情况完全相同。虽然春秋早中期出现两件以上陶器墓，但为数很少，其他器限于生活用器盆、豆、罐、钵四类。此种现象一直持续到春秋中期。到春秋晚期，除这类日用陶器仍存在外，新出现仿铜陶礼器，器类主要是鼎、盖豆和壶。战国早期仍然如此。

其他葬品有如下几种颇为突出：

铜带钩：春秋晚期以来，数量渐增，到战国中晚期非常流行，在乔村近 200 座墓中即出土带钩近 200 件。

石圭片：自西周晚期以来，各种级别墓随葬石圭的现象愈渐普遍，往往成堆放置。其制作工艺由规整精细变得简化粗糙，形式多样。

玉（石）玦：用途有二。一是发现于人骨耳部，显为耳饰。男女都有，多数每人一枚，或左或右，因报告不详，未知是否男女左右有别。双耳都有者较少。二是发现于墓主口中，当为琀，亦男女均有，多数每人一枚，个别多达四枚。

（2）第二类墓地

1972年，在侯马盟誓遗址东北约600米处，今秦村村北发现一处墓地，经局部钻探，发现了31排467座墓葬。1972年和1989年先后发掘两次，清理了其中的85座。此处墓地和墓葬各方面特征与常见的墓地及墓葬明显不同，主要表现在以下几个方面：

第一，墓葬分布规整有序。从北往南共有31排，每排多者二十余墓。排与排间距相当，墓与墓间距相若，墓葬方向也很接近。

第二，墓葬规模都很小，均为长方形竖穴土坑，长1.7～2.5米，宽0.45～0.8米，深1米左右。填土纯净，未经夯打。

第三，均无葬具。

第四，在发掘的85座墓中，男性67人，且多为壮年，女性仅5例。墓主葬式有一部分颇为奇特，或无头，或少足，或下肢朝上，或上肢扬起。有些人骨发现有刀砍痕迹。

第五，均无随葬品。而有1墓发现一件铜矛刺入墓主颈椎，有3墓各有一件铜镞刺入人骨。

以上特征表明，此处墓地与常见墓地殊为不同，其形成应有特殊原因，发掘者认为墓主属非正常死亡，可能是某次或几次战争的牺牲者，颇有道理。根据墓中出土的青铜兵器和墓葬填土中的陶片可知，墓地年代属战国时期。

（四）新绛柳泉

新绛县与侯马市东西相邻，柳泉墓地属新绛县，距侯马新田遗址不远，相距约 15 公里，位于新田遗址西南浍河南岸，峨嵋岭北麓的缓坡上。墓地东西长约 5 公里，南北宽约 3 公里。1976 年调查时采集到部分青铜容器和兵器等，表明极可能有墓葬存在。1979 年山西省考古研究所侯马工作站作了进一步调查，确定为墓地并进行了第一次发掘[49]。90 年代初进行了第二次发掘。

该墓地既有大型墓，又有中小型墓。大型墓位于距浍河稍远的坡地高处，分布比较稀疏；中小型墓位于距河较近的坡地低处，分布比较密集。大型墓共发现四组，其中两组存有 2～3 米高的封土堆。每组一般由东西并列的三座墓组成，居中一墓最大，东西两侧之墓略小。每组大型墓的南面往往有若干座中小型墓，方向与大型墓一致，且距大型墓甚近，他们应属大型墓的陪葬墓。部分大型墓的东面还发现有车马坑，呈东西向长方形，这与其他晋系统墓地车马坑位于主墓之东，而且多呈东西向长方形的特点相同。

经过发掘的大墓共涉及两组，均未全部挖完。其中一组见于报道，此组三座大墓发掘了其中的两座，编号为 M301 和 M302，另一座（M303）和车马坑未发掘。陪葬墓发掘了 M4 和 M5（图四）。

三座大墓口部之上原有一次性统一夯筑而成的封土，因后世人为破坏，现存封土仅见于 M301 和 M302 之上。封土范围大于墓口，残存高度 2～3 米。其上未发现建筑痕迹，但附近地面散见战国时期的筒瓦和板瓦，很可能与墓上建筑有关。

三座墓均为长方形竖穴土坑，无墓道。墓室口大底小，M301 近口部一段四周墓壁夯筑而成，营建方法与闻喜邱家庄、辉县固围大墓相同。M302、M303 仅南壁口部一段夯筑。三墓

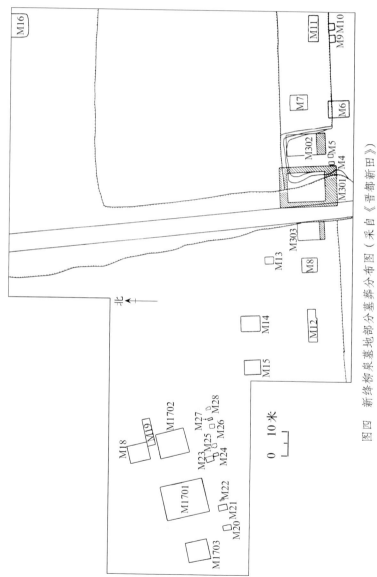

图四　新绛柳泉墓地部分墓葬分布图（采自《晋都新田》）

中，M301 居中，规模最大，口长 15 米，宽 12.6 米，底至地表深 16.8 米。方向 357 度。墓室南北两壁距椁顶 2 米处留有相互对应的"人"字形两面坡状木痕，这也与固围大墓（M1）所见相同，表明椁顶上方建有屋顶状篷架。以篷架塌陷痕为界，以上填土夯打，以下为红烧土。椁室位于墓室中部，长 8.2 米，宽 5.5 米，高 5 米。盖板塌落不详，四壁用枋木构成，底板东西向横铺。椁室东西壁内侧各有间距相等的立柱 3 根。椁外四周积石积炭。椁内之棺已朽，数目不清，其痕长约 3.7 米，宽约 2 米。底板南北向纵铺。M301 多次被盗，人骨零散，葬品无几。

M4 和 M5 是 M301 的陪葬墓，规模小。两者东西并列，紧邻 M301 东南角，方向与 M301 相同，均为 357 度。填土亦夯打，均一棺一椁。墓主均头向北。葬品都有铜带钩、石圭和其他石质饰物，M5 还有铜镜和覆面等。

此外，在柳泉墓地北区还清理两座中型墓（M1、M2），均口大底小，口长 6~7.2 米，宽 6~6.1 米，底至地表深10.5~12 米。二墓被盗严重，仅于盗洞中各出数块石磬残段，表明墓主身份在大夫以上。

（五）上郭—邱家庄

上郭—邱家庄遗址位于运城盆地北端涑水之滨，西北距今闻喜县城约 4 公里。该遗址发现于 1959 年，20 世纪 70 年代初以来山西省有关文物部门曾发掘过多次[50]。1984 年，北京大学考古专业部分师生进行了为期一周的调查[51]。

上郭与邱家庄相距 2 公里，一在西南，一在东北。两村之北是鸣条岗。上郭村及其西南是居址区，村北沿鸣条岗直到邱家庄村东是墓葬区。整个遗址全长约 4 公里。

居住址大部被上郭村叠压，未曾发掘。据钻探所知，重要遗迹仅有一段夯土墙，位于村北小学校下，地上无存。调查者认为是周代城墙[52]，但其附近再无类似发现。所见遗物主要属仰韶文化和周代，后者又以东周时期为主，西周遗物较少。

墓葬比较集中地分布在鸣条岗台地上，除大量周代墓外，还有不少汉墓。以往虽经多次发掘，但未统一规划和整理，只有 4 次发掘收获分别作了程度不同的报道，大致情况如下：

1974 年下半年，省考古队在上郭村北门外探出墓葬 380 余座，发掘 24 座，其中 15 座被盗[53]，这 24 座墓大部分属两周之际，仅个别墓属战国时期（图五）。

1976 年初，上郭村在村东北挖建小水库，挖坏周汉墓葬约 40 座，马坑 3 座，省考古队进行了调查，并清理其中 14 座墓葬和 2 座马坑[54]。所清墓葬有 11 座属春秋时期。这批墓位于 1974 年发掘区的东北方向。

1979 年夏，运城地区行署文化局等单位在邱家庄一带钻探，发现战国墓葬 13 座，发掘了其中 5 座[55]。

1989 年，山西省考古研究所（原考古队）再次在该墓地发掘，于上郭村村北发掘两周墓葬 36 座[56]。于邱家庄发掘战国墓 24 座[57]。前者南临上郭村小学校周代夯土墙，最近一墓距墙有 10 米左右。

此外，1988 年，山西省考古研究所抢救发掘东周墓 28 座[58]。未见详细报道。

以上经发掘并见于报道的两周墓葬共 120 余座，马坑 2 座。根据已发表的资料，可将这些墓葬的有关方面总结如下：

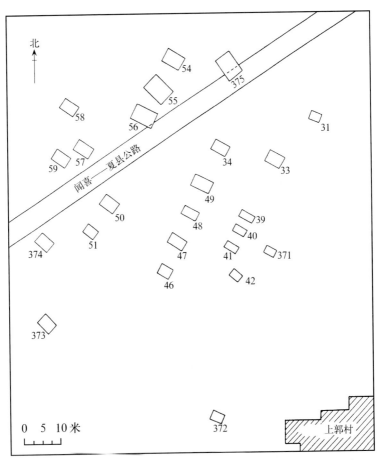

图五　闻喜上郭墓地部分墓葬分布图（采自《三晋考古（一）》）

　　所有墓葬的时代，最早可达西周晚期，但为数较少；晚者相当于战国晚期，数量也不多。大部分属春秋和战国早中期。其分布规律除个别墓外，一般靠近上郭村者年代偏早，多属春秋或西周晚期；靠近邱家庄者年代偏晚，多属战国。似沿鸣条冈从西南向东北依次埋葬，愈晚距居址愈远。

墓葬均为中小型长方形竖穴土坑，春秋时期均为北向（365～55度间），墓壁近直，或口稍大于底，或底稍大于口。仅一墓（75M1）发现有腰坑，内埋狗一只。战国时期有北向，也有东向，墓口往往大于墓底，且较春秋时期明显，个别墓有壁龛，内置随葬品。

春秋最大一墓是上郭74M55，墓口长6.4米，宽4.8米，墓底稍大于墓口，口至底深7.8米。此墓有积石积炭，可惜被盗。但仍出有一件有铭铜器——"荀侯匜"，还出有9件石磬以及精美的玉器、青铜兵器、马器和小型黄金构件。

战国最大的墓位于邱家庄村北。1973年发掘过一座，资料未发表，据说墓室长达13米，有积石积炭。20世纪80年代在断面上仍可看到若干座，其中有4座东西并列，最大者墓室口长近40米。可知这一带是战国大墓分布区。此类大墓的构筑不同于中小墓，比较特殊。即先在选定的墓位挖坑并填土夯平，然后在此夯土范围内挖掘墓室，致使墓室口部周壁均为夯土，更加结实，墓壁呈陡坡状。墓内填土亦经夯打。墓口以上原有夯土坟丘，多在"农业学大寨"时削平，1984年调查时尚存一个。坟丘附近有不少大型板瓦、筒瓦残片，可能有墓上建筑。与此种构筑法相同的墓还见于新绛柳泉、辉县固围等战国大墓（详后）。

关于葬式，资料发表不详，言及者均为仰身直肢。

葬具相当普遍，在本遗址公布的76座周墓中，除2墓被扰不明，另2墓未见葬具外，其他都有。一般说墓口长不足3米的墓多为一棺；墓口长3米以上的墓大部分为一椁一棺。如果把早晚混一统计，则一棺墓29座，一椁一棺墓43座，分别占 38%和 57%，可知当时对葬具是相当重视的。

随葬品有如下特点：

（1）春秋时期，有相当一部分中型墓随葬有青铜容器。其中附耳带流（或为嘴）鼎颇为常见，此种鼎形态相若，个体相当，口径 10 厘米左右，为本墓地特色器物，他地少见。其他铜容器还有一般习见的鼎、簋、盘、匜、舟以及盆（或带盖，简报称为簋）、带轮方盒（简报称为车）、三足瓮（简报称为醢）、扁壶。有些偏早的中型墓还出土一组数量不等的典型明器，此类器制作粗陋，盖、腹、足铸为一体，计有鼎、簋、盘、匜、盉、方壶、方彝等。此外还采集一件铜簠（简报称为豆）。另在一春秋中期墓中出土一件北方系器物——铜镞。

（2）春秋早期前后，中型墓往往有较多的铜鱼、铜铃和精美的玉佩饰。整个春秋时期，不少墓有玉玦和口琀，男女均如此。

（3）东周时期，一般中小墓（偏大的中型墓除外）很少随葬兵器和车马器。在本址 76 座墓中，仅 5 墓出有铜戈和马器，2 墓出车器。这与侯马地区同时墓葬情况相同。

（4）春秋战国之交以来，特别是战国时期，墓中成堆放置石圭的葬俗很普遍。

（5）两周之际到战国初期之墓，随葬陶器只有陶鬲一种，且每墓只放一件。若以 1976 年和 1989 年两次发掘的 47 座墓统计（1974 年所掘墓多被盗），1 墓被扰，2 墓属战国中晚期，其余 44 墓出陶鬲 39 件，几乎每墓都有。这也与晋南他地同时期墓的情形相同。属战国中晚期的 12 座墓，陶器组合以鼎、豆、盖豆、壶、盘、匜为主。

（六） 芮城魏故城

芮城县地处中条山之阳，南临黄河。县城北约 3.5 公里处有一座东周时期古城[59]。该城平面近方形，正南北向。西城墙微呈弧状外凸，其余三面城墙平直。北墙与南墙长度相当，约 1150 米；东墙长 1268 米，西墙破坏较甚，长 1000 米以上。其规模不太大。20 世纪 60 年代初勘察时地上保存最高处可达 7 米，墙基宽 13～15 米。墙体结构比较特别，下部分内外两重，其上较为一致，这种情形若非多次修补，则为建造方法所致。在三个保存较好的城角外侧，都有两个朝向不一的半月形夯土台，有如"马面"，或许真具有防卫功能。

由于考古工作有限，对该城的建造和使用年代难以确指。过去在城内清理过 10 座墓葬[60]，属春秋中晚期，当与古城的使用年代有关。据文献记载，春秋中期之初，晋献公灭魏后封其地给毕万，唐人张守节认为此魏之城在"芮城县北五里"，与这座古城位置相合。毕万之后三四代人都以此地为封邑。约春秋晚期之初，魏绛徙治安邑，但芮城之魏故城一带仍为魏所有。

在该城东北约千米处，于 20 世纪 70 年代末和 80 年代初两次出土青铜器等文物，经勘察是一处两周墓地[61]。上限至少到西周中期，或者更早；下限为春秋早期，时代早于毕万，应是毕万被封前古魏国的遗存。究竟古城始建年代可否早到毕万以前？而毕万以来的魏国墓地又在何处？都需今后予以解决。60 年代初，在县城东北约 30 公里的坛道村发现两座墓葬[62]，二墓相距百米左右，应该属于同一墓地。此二墓，一座属春秋早期或稍晚，另一座属春秋战国之际。前者接近或相当于毕万的年代，也许这里就是毕万以来魏国的一处墓地。

（七）万荣庙前

万荣庙前村因位于汾阴后土庙（或称后土祠）之前而得名，后土庙之北紧邻黄河岸断崖。史称这一带为汾阴脽。汉代以来，这里屡有青铜器出土，武帝元狩年间因获铜鼎于此而改年号为"元鼎"，唐玄宗开元年间又因这里发现铜鼎而把当时的汾阴县改名为宝鼎县。清代同治九年（公元 1870 年）河岸崩塌，再次发现大批铜器，著名的"觯镈"和"邵钟"即本次出土。

1958 年 3 月，当地船工在黄河边断崖上发现铜器露出，并掘到铜鼎、罍、鬲等 23 件，山西省文物管理委员会获知后派人进行了清理，得知为一墓葬[63]。1961 年，黄河岸贾家崖一带又因河水冲塌露出铜器，部分可能已落入河中。山西省文物管理委员会再次派员调查清理，获编钟、鼎、鉴、鬲、豆、壶、缶、簠、锜、𫗧、矛、戈等 50 余器，其中 2 件铜戈有"王子于之用戈"错金文字[64]。本次还在紧邻贾家崖的岸边进行了钻探，发现东周与汉墓 166 座，并发掘了 3 座东周墓。1962 年又有选择地发掘了 34 座（其中 3 座未发掘完就被黄河冲塌）。目前有 6 座墓葬的材料发表[65]。

这些墓属春秋晚期至战国中期，最高级别是五鼎墓。若考虑到觯镈、邵钟和"土子于"戈的出土，本墓地很可能有更高级别的墓存在。汉代所得之鼎亦非常奇特，为当时罕见，即所谓"鼎大异于众鼎"[66]，因而受到武帝重视，该鼎也应出自高级别之墓。已发表的 6 座均为长方形竖穴土坑，规模接近于中型，多数墓墓口稍大于墓底。个别为直壁。最大者为 58MI，口长约 5.5 米，宽 3.9 米（两次发表材料不一，此据第一次简报），底稍小。6 墓均为北向，都为一椁二棺，且椁室高大。除偏晚一墓（62M27）下肢微曲外，其他全为仰身直肢。因时代与墓主性别、身份不同，随葬品有很大区别。五鼎墓有一座（58MI），属春秋晚期。该墓北端塌毁，并遭村民挖掘，墓中所余和从村民中收回的器物绝非原数。虽如此，所见器物除 5 件列鼎外，还有小鼎 2 件、鬲 3 件、鉴 2 件、甒 2 件、舟 2 件以及尊、匜各 1 件。其他还有编钟、编磬（缺失多）和车马器等。

另外 5 座墓，有的出少量铜礼器，并出有车马器、兵器和仿铜陶礼器等，如 61M1。还有的无铜礼器而有车马器、兵器和仿铜陶礼器，如 62M27。此外，在两座战国墓中各出有 2 件或 3 件先修整后施彩绘的鹿角，下端为方楔状，当是插在某物上的构件。

因本墓地发表资料有限，有关特征和规律难以概括。

墓地西南有一座古城，两者相距不足百米。50 年代末调查时，该城西北大部已被黄河冲毁，南墙被村庄叠压，唯部分东墙尚存于地表，宽 7~9 米，高处可达 4.2 米。城内采集到暗纹陶片、铜镞和汉代有字瓦当[67]，时代与墓地大致相符。应是东周与汉代汾阴城。

（八）闻喜大马古城

大马古城位于闻喜县县城西北约 17 公里的大马村村北。

20 世纪 60 年代初进行过勘察[68]。当时古城城墙大部能看出痕迹，平面接近正方形，边长近千米，规模不大。城墙残高一般 2 ~ 5 米，基宽 8 ~ 10 米，最宽处可达 12 米。

城墙建筑方法是先挖基槽，然后填土夯平再版筑。每版长 2.5 ~ 3 米，最长为 4 米。夯层中存有穿棍痕，朽后已成空洞。

古城每面城墙各探出一座城门，均有路土。各城门外左侧都有类似后世"马面"的夯土台。相同的夯土台另在西墙和南墙还各有一处（即西墙和南墙各二处），依其位置似乎也是城门所在。因为它们比较均衡地把各城墙分成了长度相当的三段。若此推断不误，侧北墙和东墙相对应的位置也应有城门，如此该城共有 8 座两两相对的城门。城内应有"井"字形大路。

城外四周有护城壕，宽 20 ~ 25 米，距城墙 3 ~ 10 米不等。

城内有龙山时期、东周和汉代遗存，尤以后两个时期最为丰富。因工作开展不多，准确年代难明。据文献记载，该城应是东周时期清原城[69]，汉代仍在使用。

（九）夏县安邑故城

安邑故城，俗称禹王城，位于山西夏县县城西北约 7 公里。至今古城内仍有一村名曰禹王村。60 年代初和 90 年代进行过调查[70]与发掘[71]。

该城可分大、中、小三城，中、小城居大城之内。依大城范围，平面近似梯形，北窄南宽，四角均呈弧方角。东墙和北墙平直。以东墙计，方向 50 度。西墙南半和南墙西半不同程度向外凸出，恰好分别是中城的西墙和南墙。大城南北长约

4200 米，北部东西宽 2100 米，南部东西宽约 3900 米[72]。周长约 15.5 公里。

小城平面近方形，位于大城中心部位，方向与大城一致。城墙边长 800 余米，周长约 3000 米。

中城位于大城西南部，平面亦略呈方形。北墙是小城北墙及其向西的延伸；东墙北端与小城南墙中部相接，南端则与大城南墙相连。中城南北长与东西宽各约 1600 米。

60 年代初调查时，城墙最高处可达 8 米，大部分为 1～4 米。依断面观察，大城版筑时每板长约 3 米。

城内的文化堆积，大城一般厚 2 米左右，以战国遗物为主，其次是汉代遗物。而中城正好相反，以汉代遗物为主，战国遗物其次。80 年代在大城内今庙后辛庄村北，靠近中城北墙处发现一处铸造作坊遗址[73]，出土大量铁渣、陶范和烧结物。所铸器物以生产工具为主，计有锛、锄、镬、斧、刀等，此外还有布币等。此作坊似铜、铁器兼铸，时代属战国中晚期。

小城地势隆起，高出周围地表 1～4 米，犹如高台，城内西高东低。文化堆积甚厚，下部属战国，上部属汉代。其中战国时期筒瓦和板瓦很多。北部较高处被当地村民称为"金銮殿"，很可能是战国时期大型建筑基址。1990 年秋，山西省考古研究所在小城内进行了发掘，获得不少战国与汉代遗物，在陶器上发现有"安亭""东三"等戳印陶文。

在小城东南角外侧，有一方形夯土台，边长约 70 米，台高 8 米，俗称青台，又称禹王台。此台下部属战国，上部有后世堆积。

所有堆积表明，该城上起战国，下至汉代，使用年代较

长，"安亭"陶文的发现为证实此城为安邑城提供了有力的
证据。

（十）琉璃阁—山彪镇

在今汲县与辉县境内有大量不同等级的东周时期墓葬，经
考古工作者发掘的地点就有琉璃阁、固围、山彪镇、褚丘、百
泉、赵固等。其范围东西长约 25 公里，南北长约 10 公里。这
一带战国属魏；春秋时期是属卫还是属晋，学者说法不一[74]，
有待详考。在此一并予以介绍。

早在公元 3 世纪晋武帝时，汲县就发现过魏国大墓，即著
名的"汲冢"。1928 年，汲县山彪镇因修马路发现十余座小
墓，1931 年郭宝钧先生前往调查。1935 年夏天，当地村民合
伙盗掘一墓，因分股不均相互告发。于是，中央研究院历史语
言研究所会同河南省有关部门对该墓进行清理，即山彪镇 M1。
此次还发掘了 7 座小墓和 1 座车马坑。同年冬天，中央研究院
历史语言研究所还在辉县琉璃阁发掘一座积石积炭墓（M1）。

1936 年，河南省博物馆在琉璃阁发掘甲、乙二墓。

1937 年春，中央研究院历史语言研究所第二次在琉璃阁
发掘，清理战国大墓 6 座，战国中小墓 44 座，车马坑 4 座。
同时对固围的一座大墓（后编为 3 号）清理一半。

由于众所周知的历史原因，直到 1950 年才恢复该地的发
掘。从 1950 年到 1952 年，中国科学院考古研究所在琉璃阁、
固围、赵固、百泉和褚丘等十余个地点进行了发掘，清理战国
墓 42 座，车马坑 1 座[75]。

总之，30 年代和 50 年代初，共在这一地区发掘不同等级

的东周墓葬 115 座，车马坑 6 座。

1. 琉璃阁墓葬

琉璃阁墓地共发掘东周墓 80 座，与上述其他地点的墓葬相比，时代普遍偏早。其上限可达春秋中期，下限不及战国晚期。原报告把这批墓葬统统划归战国，并限定在公元前 445 ~ 前 225 年间，太过偏晚。

由于发掘地点较多而且过于分散，整个墓地的平面分布很不清楚，大致情况如报告作者所言，这些墓基本是从早到晚由东向西排列。绝大多数为东向，个别为北向和西向。大墓近旁有车马坑（图六）。

所有的墓均为竖穴土坑，无墓道。不少墓被盗扰。

（1）青铜礼器墓

随葬青铜礼器的高级别墓较多，除经盗扰器数不明者外，所见五鼎以上墓有 7 座（实际最少 9 座），其中有两座是 9 鼎墓（墓甲和 M60）。尤其是墓甲，口长 11 米，宽 10.3 米，规模稍大于太原金胜村 M251，不仅是本墓地，而且也是现知春秋中晚期三晋墓葬中规模最大之墓。这些大墓有的两两平行并列，如墓甲和墓乙；M80 和 M55 等。依墓葬规模和随葬品推

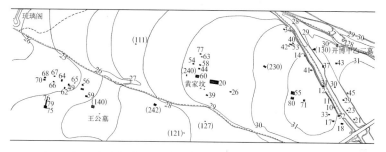

图六　辉县琉璃阁东周墓葬分布图（采自《山彪镇与琉璃阁》）

测，这种两两平行并列之墓应属夫妇异穴合葬墓。如墓甲和M80既有大量青铜礼器，又有相当多的青铜兵器和乐器；而墓乙和M55不见青铜乐器，兵器只有墓乙出有4枚铜镞。有无青铜兵器和乐器是区分男女的主要标志，天马—曲村遗址晋侯墓地的材料是最好的说明。琉璃阁成对并列的墓也应如此。青铜礼器组合主要有鼎、鬲、簠、瑚、簋、豆、盘、匜、铺、鉴、壶等，有的男性墓还有罍、盉、瓠壶。鼎的种类多样，大墓可达四种，除最大一件镬鼎外，其余各自奇数成列；鬲、簋、瑚、豆、壶、罍多偶数伴出；盘和匜，簠和甔相配成组，每组以各一件为常数。铺多为一件，鉴无定数。

乐器组合有编钟、编磬。编钟有镈钟、甬钟和纽钟之别，镈钟多为4件一套，甬钟多为8件一套，纽钟（又有单纽、复纽之别）多为9件一套，这都是东周各国常见之数。编磬10或11件。各墓编钟套数之多少似与墓主身份等级高下有关，如九鼎墓M60和墓甲各有4套，镈钟、甬钟、单纽钟和复纽钟样样俱全。

兵器中主要是戈、矛、剑、镞。尤其是青铜剑，成为高级贵族墓必备之物，墓甲有一件还是金柄。青铜剑在三晋墓葬中的流行时间，琉璃阁所见较早。

随葬品值得注意的还有，在偏早的大墓中往往有上千枚包金铜贝；在偏晚的墓葬中，铜器上常见镶嵌或线刻写实内容的纹样。

琉璃阁青铜礼器大墓，多数为20世纪30年代发掘，出土文物大部分运往台湾，详细报告迄今未发表，对于这些墓葬的其他方面，无法全面研讨。

（2）中小墓

中小墓只有 20 世纪 50 年代初两次发掘的材料发表，计 20 余墓。一般口长 2~3 米，宽 1~2.5 米，深 3~5 米。均直壁，有 4 墓墓底特殊，其中 2 座各有两道沟槽，应为垫木痕；2 座有土埂 7 或 8 条。还有 2 墓在墓主左侧墓壁上挖设壁龛，龛内陈放陶器。

葬具朽坏过甚，多数难明其形。

墓主可辨葬式者 19 座，有 7 座为仰身直肢，12 座为屈肢，皆成年。

随葬品中，陶器多放在墓主左侧，或在棺椁之内，或在二层台上，或在壁龛之中。兵器与装饰物则贴近墓主。

陶器烧温较低，表黑胎褐，质软易碎。部分施绳纹、弦纹、旋纹、绚索纹、暗纹和彩绘。基本组合有三种：其一是鬲、盖豆和罐。其二是鼎、盖豆和罐。其三是鼎、盖豆和壶，或配以盘、匜。

这三种组合反映了时代的早晚，报告作者据此把上述墓葬分为二期，并总结了各期特征。这是对三晋墓葬最早的分期。

（3）车马坑

车马坑共发掘 6 座，只有 1950 年发掘的一座——M131 发表。据说该车马坑之西有一座大墓于 1938 年被盗，出土物甚多，仅编钟就有 24 件。依其他晋文化遗址所见车马坑的位置，一般都位于主墓之东，且为东西向。M131 车马坑亦为东西向，其西有一座大墓完全可能。

该车马坑平面呈曲尺形，与太原金胜村 M251 之车马坑和邯郸白家村 3 号车马坑形制相同。即在坑底部车坑与马坑之间用生土梁隔开，车坑在西，为东西向，方向 100 度；马坑在东，南北向与车坑垂直相接（南端与车坑南壁平齐，北端超出车坑北壁）。这种形制当是三晋车马坑特征之一。

整个车马坑东西总长 21 米，其规模大于金胜村 M251 之车马坑。其内置车 19 辆，分南北两排，北排 11 辆，南排 8 辆。车辀向东，后车之辕放在前车车舆上，表明其放置顺序是先东后西。两排车中，北排最东一辆和南排最西二辆特殊。北排最东一辆（1 号）是唯一带有铜饰件之车；南排最西二辆（18、19 号）车舆为前后狭长，与其他前后窄短左右狭长者不同，而且最西一车（19 号）附近还有车篷遗痕，其范围大于车舆。报告中依车舆尺度推测 19 号车可能是运棺之车，不无道理。此车应是最后放入之车。

19 辆车有大小区别，多数较大，与他地同时期所见之车相同，唯 5 号车甚小，轮径 95 厘米，轴长 178 厘米，似不属马车。

马坑未全部发掘，并且被扰动，马匹总数不明。依清理部分可知马骨摆放整齐，为处死放入，马头均朝东。

2. 固围墓葬

固围村西距琉璃阁约 2 公里，墓地在村东 1 公里处。20 世纪 50 年代初这里有一东西长 150 米、南北宽 135 米的平台高地，平台中心东西并列三座大墓，西侧还有两座陪葬墓。高地台面高出周围地表 2 米余，"或有版筑存留，好像是一座城基"，实际可能是围绕大墓的陵垣。1929 年和 1930 年，三座大墓遭盗掘，部分文物流失国外。1937 年 5～6 月间，中央研究院历史语言研究所对东面一座大墓（3 号）进行发掘，至 7 月因战事而中止。1950 年 10 月至 1951 年 1 月，中国科学院考古研究所对这三座大墓和两座陪葬墓进行了全面发掘。三大墓

由西向东依次编为1号、2号和3号，西面的两座陪葬墓编为
5号和6号[76]。

三座大墓均为南北向"中"字形，中间一座（2号）最
大，旁边两座（1、3号）稍小。墓室以上都有夯土台基，
保存状况不一。2号残存台基高约0.5米，下与墓室填土相
接。台上残存础石与础痕，表明原台基更高。台基之上与附
近有大量板瓦、筒瓦和瓦当。1、2号墓墓室附近也有此类遗
存。墓室上口四周都有"口"字形石散水，内边与墓口对
齐，两者大致在同一平面上。这些现象说明墓室之上都有四
阿顶建筑，其建造时间应紧接各墓室填平之后。三墓的建造
顺序是先西后东，1号早，3号晚。1号墓石散水用小石板铺
成，宽1米，内边南北长18.8米，东西宽17.7米（即墓室
口部之长宽）。2号墓散水用石子铺成，宽1.5~1.7米，内
边南北长25米，东西宽26米。3号墓散水大部被破坏，据
1、2号墓墓室口部尺度即散水内边尺度推测，3号墓散水内
边长宽为23.5米。

墓道都是斜坡底，南墓道长于北墓道。1号墓南墓道长
125米以上，与墓室相接处口宽21.7米，宽于墓室。南墓道
底部近墓室处有一木构车室，置车二辆。中部有坑穴一座。北
墓道长47米以上，与墓室等宽。南北墓道两端总长在190米
以上。2号墓没有发表墓道尺度的资料，仅知其南墓道与墓室
相接处亦宽于墓室，北墓道于墓室相接处窄于墓室。但从该墓
墓室大于1号和3号墓推知，其南北墓道两端总长在200米以
上，这是现知三晋墓葬中规模最大之墓。3号墓未发掘墓道，
依探查得知总长是149米。

墓室深度不一，2号最深，为19.8米[77]。墓室口大底小。

三墓墓室周壁的建造与新绛柳泉大墓、闻喜邱家庄大墓相类，即上部数米为夯土壁，以下为生土壁。墓壁表面经过加工，先用黏土或草拌泥打底，厚约1厘米，再涂一薄层青灰泥，最后刷一层白灰，厚约0.2厘米。1号还用白灰刷成雉堞形，象征城堡。

墓室与椁室构造各墓互不相同。1号墓室之底铺两层细沙和两层木板，以此作为椁室地基。最下一层是沙，厚1.8米。其上木板与沙相间铺设，最上一层是木板。椁室置于木板正中。木板南北两端各筑夯土墙一堵，高近7米，将墓室与墓道分开。在距上层木板高4~5米的墓室东西两壁上存有两面坡状木板痕与横列孔眼，说明当时墓室内椁室上曾建有"顶棚"一类设施。这种现象也见于新绛柳泉大墓。椁有二重，外椁长5.75米，宽4.6米，高3米。内椁长度不明，宽2.8米。棺至少一重，长约2.34米，宽约1.03米。外表髹漆，绘有黑、红、黄、紫色花纹；内表髹黑漆，嵌有五彩料珠片和白石片。有12个鎏金铺首环分列两侧。椁与夯土墙之间填沙，沙高与墙高齐平。

M2在墓室底上平铺巨石8层作为椁室地基，厚1.6米，其南北两端各砌一堵宽0.5米、高11.59米的石墙，将墓室与墓道分开，有如M1之夯土墙。椁室之底用枋木分东西两排铺设，南北总长9米，东西总宽8.4米。椁室四壁用长短两种枋木纵横交替叠成，共17层。短枋木长1米，即室壁之厚；长枋木长4.2米或4.5米。壁高4.15米。顶部纵横封盖木板两层，再上抹一层草泥。此种构造应即《吕氏春秋·节丧》所云"题凑之室"。此"题凑之室"距东西墓壁各1.7米，距南北石墙1~1.3米，其间与室顶之上5米以沙充填，其与东西墓壁间还各砌短石墙 3 堵。室内放置棺椁，因棺椁大部被盗，详情不明。依残痕推测，外椁长约 4 米，宽约 2.1～2.6 米，高约 2.1 米，依椁底尺度与另两座墓椁室尺度推测，外椁之长、宽、高都应大于此数。棺椁残件有的外髹黑漆，内髹红漆。椁与"题凑"之间以木炭充填。

M3 椁室直接建在墓室之底的生土上，长 5.7 米，宽 5.1 米，高 5.5 米。椁顶盖二层木板，其上抹一层草泥。椁外四周与顶上填沙。椁室之上亦有木构设施。

三墓均遭盗掘，随葬品所剩无几，其中值得注意者有以下几项。

其一，M1 和 M3 均有大量陶礼器，M2 虽仅存陶兽头一件，实际应当更多。

其二，有两座墓出圜钱及魏国青铜布币。

其三，三墓均出有铁器，种类有农具、工具和兵器。

其四，三墓多见错金银花纹铜器，并出有小件金器和银器。

此外，M1 散水下有两个祭祀坑，出大量玉石器，其中 50 枚一组的玉简册颇为罕见。

两座陪葬墓 M5 和 M6 位于 M1 西侧，亦被盗。每墓各有一个殉人，均置于壁龛内。依残存随葬品得知，两者与三大墓同时，约当战国中晚期之际。三座大墓有可能是魏国某位国君与其夫人之墓[78]。

据 20 世纪 50 年代初调查，在固围村三座大墓之南，还有两处同样规模的大墓，因被盗，知这两处大墓亦有积沙，其中之一地上尚存坟丘。其年代应与固围大墓相当。也许是另外两位魏王之墓。

3. 山彪镇墓葬

山彪镇在汲县县城西约 10 公里，墓地在镇西里许。这处墓地位于汲、辉一带墓群的东部。1935 年发掘战国墓 8 座，车马坑 1 座，其中 M1 规模较大。M1 虽被盗，但大部随葬品保留，是一座保存较完整的墓葬，惜资料发表不全[79]。

该墓平面近方形，无墓道，口部东西长 7.8 米，南北宽 7.2 米，底至地表深 11.49 米，方向 12 度，四壁近直。墓壁四角有脚窝。椁室之外积石积炭，积石在内，紧贴椁室。椁顶与椁四周积石厚 1 米左右，椁底下亦铺一层积石，石块更大。积炭围于积石之外，即墓底铺一层，厚 0.1 米；四周填至墓壁，厚 0.5 米；顶部覆盖一层，厚亦 0.1 米。积炭之上为夯打结实的填土。

椁室尺度据相关资料推断长宽均 4 米以上，椁内棺数不详，但知除墓主之棺外，其四周尚有殉人四具，墓主头、足端与左右各一，有无棺室不明。

棺椁之间的随葬品大体以类相陈，大别之青铜礼器置于西端，兵器和工具多在东端，金、石乐器置于南侧。椁之四隅放有布币。青铜礼器中，列鼎有两套，分别为 9 件和 7 件，其他器物以华盖壶、牺尊和镶嵌水陆攻战图的鉴最为著名。乐器中青铜编镈 2 套，分别为 9 件和 5 件，石磬 10 件。兵器中尤为重要者是两件有铭戈，一件为"周王"戈，另一件可能属蔡。

青铜布币与印章见于墓中，此为较早之例。

此墓未见铁工具和成组的仿铜陶礼器，其时代显然早于固围三座大墓，有学者定之为战国早期，是合理的。

M1 之东有一座车马坑，编号 M2，为东西向，有马 4 排 13 匹，因盗扰过甚，车数不明。坑的形状、方向以及与主墓的方位均同于晋地其他车马坑。

三彪镇另外 7 座小墓均为北向，墓主仰身直肢，多数随葬有一件青铜或铁带钩。其中一座小孩墓为直洞式墓，洞室位于墓道南端，时代稍晚。

4. 赵固、褚丘墓葬

赵固和褚丘在辉县县城西南，东距山彪镇约 20 公里。这里的墓葬位于汲、辉一带墓群的西部[80]。

赵固墓葬在村北高地上，1924 年曾出土过铜器，1951 年发掘 7 座战国墓，其中 M1 属中型墓，且保存较好，属战国中期。

M1 为竖穴土坑，无墓道，方向 15 度。墓口长 5.1 米，宽 4.4 米，深 5.3 米。壁近直，墓底有东西向生土梁七道。有棺有椁，但因朽甚，棺椁重数与大小不可量度，依墓主尸骨朽痕知棺不在椁内中部，而是偏向一侧。

棺内与棺椁之间的随葬品，按类而言主要如下。

青铜礼器有鼎、鬲、甒（罍）、敦、壶、鉴、铆等，各类器 1~2 件。其中鉴上有线刻燕乐射猎图案，颇受学术界重视。青铜兵器和工具有戈、矛、戟、剑、镞、斧、凿、削、刀等。车马器有軎、辖、轵、盖弓帽、"当卢"（?）、衔、镳、扣环等。玉石器有璜、圭、璧、环及佩饰等。骨器中有一对朱绘鹿角，与万荣庙前、长治分水岭等地所见者相同，此墓所见似插在一铅座上，提供了有关该器结构的信息。仿铜陶礼器一组，计有列鼎 5、盖豆 4、壶 4、鉴 2、盆 2、还有甒、瑚、簋、盘、匜、鸟柱盘和筒形器各 1 件。陶器上多彩绘精美图案。其他器还有带钩和海贝等。

赵固另外 6 座小型墓与褚邱 15 座小型墓特征相近，这 21

座墓均为长方竖穴土坑，多为北向。墓主多屈肢。随葬品以陶礼器为主，基本组合是鼎、豆、壶，其他陶器还有盘、匜、碗、鸟柱盘和筒形器等，部分器表施彩绘。个别稍大的墓出青铜戈、舍、辖、衔和盖弓帽。其他器类有青铜和铁带钩、玉石及骨佩饰、鹿角等。这些小型墓属战国中晚期。

（十一） 晋阳故城

晋阳故城位于今太原市西南约 15 公里处，东临汾水，西近吕梁，其西南约 4 公里是著名的晋祠。20 世纪 60 年代初，山西省考古研究所对该城作过较细致的调查[81]，确认其属东周时期，但被后代多次利用，保存状况较差。当时地面上看到的城垣仅有部分西墙和少许与西墙相接的北墙、南墙，知西墙总长约 2700 米。调查者又根据北墙的走向和位于这一走向上的东城角村的位置，推测北墙应长 4500 米左右（原文误为南北长）。全城平面呈东西长南北稍窄的横长方形。若以西墙为准，方向 18 度。依当时所见，城墙夯土坚硬，夯层厚 17 厘米左右，夯窝直径 4～5 厘米。墙体宽 30 米，最高处高出地表 7 米。部分墙体可看到版筑痕和木棍孔洞。靠近城西北角的夯土中还发现木柱灰痕和柱下础石。

在晋阳古城北，沿吕梁山山前坡地分布有大量夏代、东周及汉唐等时期墓葬，面积达 20 余平方公里。1978 年以来，山西省考古研究所和太原市文物管理委员会在这里进行了长期勘探和发掘，其中最重要的收获就是金胜村 M251 大墓及其车马坑的发掘[82]。该墓规模大，保存好，遗物丰富，是晋文化考古的重大发现。

M251 位于金胜村村西的山前缓坡上，南距晋阳古城 3 公里。1987 年发现，1988 年发掘。其附近还发现 40 余座东周时期中型墓，因故未发掘。M251 为长方竖穴土坑墓，无墓道。其东北 7.5 米处是其车马坑。此墓口大底小，墓口东西长 11 米，南北宽 9.2 米，距地表深 0.2 米；墓底东西长 9 米，南北宽 6.8 米，距地表深 14 米。墓壁整齐光滑，局部留有铲与二齿耙痕迹。以墓主头向为准，方向 110 度（图七）。

墓内椁外上下四周积石积炭，积石在内，紧贴木椁；积炭在外，紧贴墓壁。四周积石厚 50 厘米，积炭厚 30 厘米。椁下（即墓底）积石厚亦 50 厘米，但较四周者稍大，积炭厚 10 ～ 15 厘米；椁上若以四角为准，积石厚 96 ～ 98 厘米，积炭厚 100 厘米。椁顶积炭以上填土可分上下两大层，距墓口 1.2 米厚为上层，土质较硬，灰褐色，内夹大量砾石（占 65% 以上）。砾石大小与椁周者相同；下层为褐色五花土，每隔 0.5 米深有一层夯土，质地坚硬。夯窝密集，直径 7 厘米。下层于墓圹四角每隔约 1 米深，各放置一块重约 50 公斤左右的大石块，直至椁顶。此外，填土中还散见许多蚌圭、蚌片和蚌壳，共计 117 件，都属有意而为。

椁室位于墓底正中，大部仅存朽痕，唯底板保存稍好，系用 40 根枋木纵向铺成。依四壁朽痕得知，椁室东西长 7.2 米，南北宽 5.2 米，高 3.4 米。

椁内近中部有三重套棺，均腐朽成灰，高度不明。朽痕与棺环表明，外棺长 3.5 米，宽 1.6 米，在黑色漆底上绘有紫朱两色几何形花纹。四周有棺环 12 件，其中南北两侧各 4 件，东西两端各 2 件。中棺长 2.4 米，宽 1.5 米，棺板厚约 6 ～ 7 厘米。此棺也曾髹漆，有棺环 6 件，位于南北两侧，每侧 3 件。

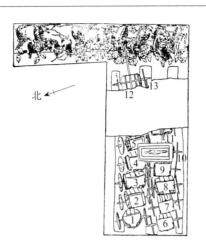

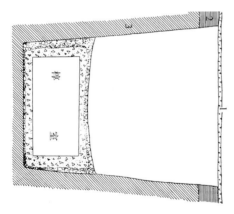

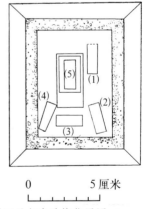

0　　　　　　5 厘米

图七　太原金胜大墓（M251）平、剖面及与车马坑位置图

（采自《太原晋国赵卿墓》）

内棺长 2 米，宽 0.8 米。髹漆，为青灰底上绘朱红色几何形花纹。有棺环 4 件，南北两侧各 2 件，双双对应，均距两端不远。棺内置一人，为墓主，尸骨腐朽严重，但可看出为仰身直肢，头向东。依牙齿和残头骨鉴定，墓主为一 70 岁左右男性。

棺内随身葬品颇多（详见下文），身下铺一层厚约 1.5 ~ 2.5
厘米的朱砂。

　　在墓主套棺的西部（足端）和南侧还有四具陪葬棺，每
棺一人，当为从死者。1 号陪葬棺内置一青年女子，约 20 ~ 22
岁。仰身直肢，头向东。随身有不少玉石质装饰物。2 号陪葬
棺棺内骨骸朽甚，性别不明，但可看出为仰身直肢，头向东，
为成年人。棺内葬品与棺上葬品相混。3 号陪葬棺棺内骨骸亦
朽，依股骨、肱骨位置，知其为仰身直肢，头向为 18 度，
似为成年女性。死者腰部有米粒大的绿松石串珠 250 余颗。
4 号陪葬棺棺内骨骸保存较好，仰身直肢，头向东，为一
20 ~ 22 岁男性青年。棺内葬品有铜带钩、带扣和玉器。

　　墓主的随葬品大部分放在套棺与椁壁之间，少部分与墓主
同置于内棺中。棺椁之间者有如下规律：①青铜礼器集中放在
东部，即墓主头端棺椁间，因面积小器物多，只好层层叠放。
②兵器、车马器和手工工具放在南侧。其中大部分放在 2 号陪
葬棺棺盖上的漆箱中。③各种形体的青铜构件放在北侧。④乐
器（石磬、编镈）堆放在 4 号陪葬棺上。⑤北半椁底上也放
不少兵器，椁室西北隅放一青铜帐顶。⑥大量骨串珠和海贝放
在椁室东、南两侧，外棺周围散见圆形金箔。

　　墓主近身葬品绝大多数是玉器和兵器，如"口含玉玦，
眼盖梭形玉件，面盖玉璧，身上有璜、璧、圭、琮、环等玉器
五十余件，脖子、手腕、脚腕上皆戴水晶珠串饰"。还有黄金
与青铜带钩、玉璋、玉瑗、玛瑙环和各种形状玉佩及蜻蜓眼玻
璃珠等。兵器有戈、剑多件。此外，在三重套棺缝隙之间也放
有戈、戟、矛、环首刀和箭镞等兵器。葬品种类和数量如下表
（表二）。

表二　　　　金胜村 M251 葬品种类和数量

青						铜											器	
礼																	器	
镬鼎	立耳鼎	附耳列鼎	铺首耳列鼎	高形鼎	其他鼎	鬲	锜（含甗）	盖豆	浅盘无盖豆	方座豆	瑚	华盖方壶	高柄小壶	扁壶	匏壶	鸟尊	鉴	罍
1	5	7	6	5	3	5	2	8	2	4	2	4	2	1	1	1	6	2

续表二

青								铜											器	
礼			器					乐器		兵										器
铆	盘	匜	炭盘	炭铲	勺	钩	扒	编镈	编磬	錞内戈	直内戈	戟	钺	矛	剑	镞	附藤弓	镈和镦	柲帽	其他
4	2	2	1	2	6	14	1	19	13	2	29	9	10	20	6	510	1	169	5	18

续表二

青								铜								器
车	马			器			工				具				
辖	辕首（?）	衡末	马衔	当卢（附角镳）	带扣	泡	斧	锛	环首刀	环首锥	削	锯	凿	针	
36	1	6	68	33	3	45	8	16	13	23	9	1	4	9	1

续表二

青								铜								器	
生	活	用	具					其				他					
灶	烟筒	釜	甑	钵	罐	镂	铲	耳杯	器盖	镜	带钩	虎饰	量器（?）	帐顶	杆顶	环	漆架
1	4	1	1	1	1	11	1	2	1	2	12	13	3	1	23	71	1

续表二

青铜器（其他）					玉　石　器											
各种构件	环扣	棺环	棺钉	狗链	玉璧	玉瑗	玉环	玉璜	玉琮	玉璋	玉圭	石圭	玉玦	龙形玉佩	其他佩饰	玉剑饰
61	8	28	1	2	14	12	7	20	10	4	14	23	1	16	154	15

续表二

玉　石　器						金器			陶器		
玛瑙饰	水晶珠	玻璃珠	绿松石珠	砺石	其他	带钩	饰件	饼状金箔	陶甗	钵	陶片
17	105	13	250	6	7	4	1	6盒	4	1	3

续表二

木　器		骨　器				蚌　器	
珠	镞	管	镞	珠	其他	圭等	海贝
475	4	20	7	489	2	117	151

　　M251 的车马坑平面呈曲尺形，由车坑与马坑两部分组成。车坑在西，为东西向，方向 289 度（若以车辀方向为准，应为 109 度）；马坑在东，南北向与车坑垂直，其南半与车坑相接，方向 19 度。车马坑东西总长 14.8 米，南北总长 12.6 米，深 4～5.5 米。车坑较马坑稍深，两者之间有一生土梁相隔。坑内填土经不同程度夯打。

　　车坑东西长 12 米，南北宽 6 米，深 4.5～5.5 米。车坑因工作不慎部分被挖坏，现存车 15 辆（实际最少 16 辆），均整车放入（未见衡、轭），分南北两排，即将车轮放入挖好的轮槽，使车轴直接平置于槽间土梁上。车辀都朝东，东边车的车舆依次叠压西边车的车辀，说明置车顺序是先西后东。所有车结构相当，大小稍有区别。有一辆车（1号车）车舆为圆形，为他地少见。

马坑长12.6米，宽2.75～3米，坑底西侧有二层台。坑内葬马44匹，马头向西，多数头枕二层台，姿势较规矩，排列较有序，应为处死后放入。经鉴定者均为成年马，小者五岁，老者十余岁，雌性多，雄性少。因最东一车的辀压在马身上，可知车马下葬顺序是先马后车。

在已发现的春秋战国之交晋文化墓葬中，M251是规模最大者之一，因其位于赵之晋阳故城附近，故被认为是赵鞅（简子）[83]或赵无恤（襄子）[84]之墓，均有可能。

（十二）　邯郸故城

邯郸故城遗址西依太行，东傍滏阳，其所在位置的自然环境与文化遗存的分布颇似晋阳故城遗址：东是辽阔平原，西是巍峨群山；城址在南，墓地在北，几乎是晋阳故城遗址的再现。

城址分小城和大城两部分，小城即通常所谓"赵王城"（图八）。大城在小城东北，又叫"大北城"，二城相距约60米。新中国成立前，日人驹井和爱、关野雄和我国姚鉴就在邯郸故城进行过调查和挖掘。50年代初，河北省文物部门对小城的布局与营建情况进行了考察，1958年又作了局部钻探，初步搞清了小城的布局[85]。大城发现于1970年。1972年和1973年进行了十几个月的探查，对其也有了一定了解[86]。总观大、小城的布局，很像齐城临淄[87]，小城为宫城，位在西南；大城为郭城，位在东北。

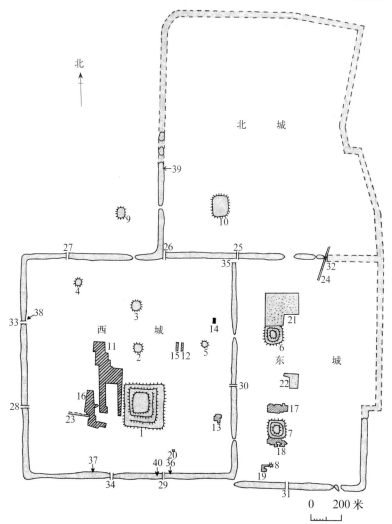

图八　邯郸"赵王城"平面图（采自《考古学集刊》第 4 辑）

　　小城在今邯郸市西南，距市中心约 4 公里，所在位置地势
较高，城墙大部保存较好。小城由相互依托的北城、西城和东

城三部分组成，平面呈相连的"品"字形，这一点又像新田故城。现存城墙地表上最高处可达 8 米，底宽一般 20～30 米，城墙拐角或城门处更宽，多达 40～50 米。城墙内侧表面原为台阶状，部分墙段清理出两级台阶，阶面用筒瓦和板瓦覆盖。另在内侧表面还发现断面为"凹"字形的陶质排水槽，此种水槽也见于大城和部分夯土台基。小城城墙总长 8349 米，面积共 505 万平方米，发现城门 11 处。城内地表可见大小夯土台 10 座，地下探出夯土基址 10 处。其中西城中南部被称为"龙台"的一座地上夯土台基规模最大，平面近正方形，底部南北长 296 米，东西宽 264 米，高 16.3 米。台顶较平，南北长 132 米，东西宽 102 米。其规模之大超过齐临淄的"桓公台"和燕下都的"武阳台"。整个高台原先可能呈若干级台阶状，台顶及周围有大量筒瓦和板瓦，类似的建筑构件普遍见于其他夯土台。新中国成立前日本人挖"龙台"北面的"茶棚台"时，于该台东西两侧近顶部各发现两排石柱础，其附近还发现了赵国特有的三鹿纹和变形云纹圆瓦当，足以说明这类夯土台应为台榭式建筑。由于西城夯土台和夯土基址最多，而且最大的夯土台也在西城，故西城是主要的宫殿建筑区。

大城被今邯郸市城区所压。经探查，大城平面为不规则长方形，南北长约 4800 米，东西宽约 3000 米，面积 1382.9 万平方米。地上城墙保存很少，大多没于地下，深处距地表 9 米才可见到，总长 15314 米。大城在汉代继续使用，城墙经过修筑。城内以战国和汉代遗存最为丰富，有多处夯土基址，发现不少"邯亭"陶文。战国时期遗存还有冶铁、铸铜、制骨和石器作坊等，为探讨大城的性能提供了依据。

从小城向北直达永年县境，沿太行山东麓低山丘陵约 17 公里范围内是邯郸故城遗址的陵墓区。早在1957年和1959年，河北省文化局和北京大学邯郸考古发掘队就在南距小城不远的齐家和百家村一带发掘过81座战国墓和6座同时期车马坑[88]。20世纪70年代末，河北省文管处等单位又调查了位于邯郸和永年交界处的赵王陵，并发掘了其中一座大型陪葬墓和两座小墓[89]。估计在赵王陵和百家村之间还应有不少墓葬存在。

1. 百家村墓地

所发掘的49座战国墓全部为长方形竖穴土坑，墓口稍大于墓底。若依口部尺度计算，最大一墓（M57）长7米，宽5.8米，自深10.6米[90]。在49座墓中，3座墓有壁龛，属中小墓，龛内放随葬品。2座墓墓底有数道生土梁，或横或纵。

墓内夯土均经夯打，其中一座较大的墓（M25）在椁外四周上下铺填厚约0.2米的小河卵石（积石），墓口以上有夯筑封土（百家村一带有封土的墓共16座，此其一），发掘时尚存1/3，大致可看出是圆形，直径约39米，高3.6米。墓室位于封土中部稍偏北之下。

大部分墓为北向，少部分为东向，个别为西向和南向。有些墓成对并列。

葬具都已腐朽，可辨识者有28座为一椁一棺，15座为一椁或一棺，可以说每墓都有木质葬具。

人骨保存也较差，葬式可辨者有30具为直肢，11具为屈肢。前者多为北向，后者多为东向。有5座墓发现殉人，多属口长4米以上的较大墓。各墓殉人之数少者一人，多者三人。殉人有棺或无棺，多有随葬品，或为兵器，或为带钩，或为车马器等。

随葬品几乎每墓都有。最大一墓（M57）也是唯一一座出成套青铜礼器的墓，计有鼎3、豆2、壶2，盘、匜、铺、甗、敦各 1 件。其他还出兵器、车马器等。此墓也是殉人最多的墓葬之一。其他墓多以仿铜陶礼器为主，各类随葬品在墓中的出现情况如下：

（1）仿铜陶礼器以鼎、豆、壶为基本组合，几乎每墓都有，且数量最多，但在每座墓中这三种器物未必一定相等。盘和匜相配出现，有匜一定有盘（或以碗代盘），两者之数仅次于鼎、豆、壶，见于多数墓，每墓一般各一件。鸟柱盘和筒形器往往伴出，每墓各一件。有一座墓（M21）的鸟柱盘出土时放在筒形器上，说明两者是相配使用的。此与辉县战国墓所见相同。其他陶礼器还有盆、碗、鉴、高柄小壶、浅盘无盖豆、罐、盉、鸭形尊等。

仿铜陶器多为轮制，有的饰暗纹或彩绘。相对而言，大墓器物种类和数量较多，器形较大，制作较精，小墓则相反。

（2）出青铜兵器的墓都较大，兵器种类有剑、戈（含镈）、矛（含镦）、戟（矛、戈分体合装）和镞。

（3）出车马器的墓也都偏大，同时都出兵器。车器有辖（含辖）、盖弓帽；马器有衔、角镳、当卢（？）、环、扣等。

（4）出铜带钩的墓占半数以上。有的墓一人随葬 6 件。

（5）出环首刀的墓都出带钩。

（6）玉石器和骨蚌器的数量不多，比较而言，以各种形状的石片饰、石圭和骨贝最多。石圭往往成堆放置。

六座车马坑与墓葬的分布关系简报未予介绍，估计应在较大一类墓的近旁。其中两座为马坑，无车，均为长方形，较大一座（1 号）长 21.2 米，宽 2.4 米，深 3.5 米，内置马 26 匹。四座车马坑的形状有长方形、"凸"字形和曲尺形三种。"凸"字形和曲尺形车马坑的车与马分开放置，即同坑中又分车坑和马坑两部分，两者之间有土梁相隔。后一种车马坑与太原金胜村 M251 的车马坑、辉县琉璃阁车马坑 M131 形状、方向都相同。各坑中有车多少，简报未提及，马骨多者 14 匹，少者 2 匹，另外，凡车马具全之坑都有狗殉葬。

2. 赵王陵

赵王陵陵区位于邯郸市与永年县交界处，南北约 6 公里，东西约 2.5 公里，南距赵王城（小城）约 10 公里。陵区内有十余座封土大墓，其中五座规模宏伟，与众不同：均起建于山顶，底为长方形陵台，陵台上有一或二座高大的封土，其东又有宽阔的道路。有的陵台近旁还有带封土的陪葬墓，稍远有方形陵垣围绕。

这五座陵墓三座在邯郸境内陈三陵村附近；二座在永年县温窑村一带。各陵大致情况如下表（表三）。

表三

编 号		陵 台		封 土		路		备 注
		南北长	东西宽	底部	高	长	宽	
陈三陵	1 号陵	288 米	194 米	57 米×47 米	15 米	246 米	61 米	陈三陵村东北
	2 号陵	242 米	182 米	北：47 米×43 米 南：50 米×42 米	12 米	85 米（残）	63 米	陈三陵村西北
	3 号陵	181 米	85 米	长方形 66 米×37 米	5.5 米	已毁	毁	1. 周窑村东 2. 有方形陵垣，总长 1047 米
温窑	1 号陵	340 米	216 米	49 米×47 米	3 米	138 米（残）	61 米	温窑村北，最大
	2 号陵	172 米（残）	201 米	南：39 米×37 米 北：43 米×30 米	6 米	286 米（残）	78 米	温窑村西

单位：米

　　1978 年发掘了陈三陵西北部的陪葬墓，编号 M1。这是一座"中"字形双墓道大墓，东西向。墓上封土高 3.7 米，底径 29～31 米。墓室与墓道口大底小，墓室口长 14.5 米，宽 12.5 米；底长 12.6 米，宽 9.2 米，自深 7.5 米。东墓道长 33.5 米，口宽 7.2 米；西墓道长 28 米，口宽 6.8 米。墓口总长 76 米。木质葬具已朽，但知木椁底板为横铺，木椁外有厚 0.5 米的积石。系用石片垒砌。积石范围长 5.4 米，宽 4.35 米，高 3.55 米。椁内发现红黑两色漆皮，当为漆棺残迹。此墓经多次盗掘，椁内人骨全无，葬品稀少。在西墓道东端的底部，即距墓室 8 米处有一近方形坑，上设棚架，内置一椁，椁内并列二棺，每棺一人。南面一人仰身，北面一人俯身，都是未成年儿童，应为殉葬人。在东墓道近西端的底部，也有一近方形坑，西距墓室 4.5 米。其上也有木质棚架，架上涂 22 厘米厚一层草泥。坑被盗，有凌乱马骨二匹，应为车马坑。此墓是 3 号陵的陪葬墓，其规模尚且如此，至于主墓的规模当更为可观。墓内残存葬品不多，主要有铁铲、铁镢、铁削、"安阳"与"皮氏"方足布、铜印、铜镜、铜带钩、铜镞、铜舍与金箔残片等，属战国无疑。

（十三）长治分水岭

　　长治市北城墙外有一台地，高出周围地表 10 米左右，东西长约 2000 米，南北宽 750 米。南临城壕边，北近石子河，当地称之为分水岭。岭上除发现新石器时代遗存外，还有大量东周与汉唐墓葬。1954 年以来，山西省有关单位进行过多次发掘，其中发掘东周墓葬 50 余座，车马坑 1 座[91]，马坑 2 座。

根据发表的 32 座墓葬的材料得知[92]，其上限年代为春秋中晚期之际，下限可到战国晚期。大体而言，这些墓位居西部者早，东部者晚。

32 座墓全部为南北向，而且多在 20 度左右[93]。一座墓为"甲"字形，即有一条墓道（M35）[94]，其余全部为长方形竖穴土坑。长方形墓口多宽短，尤其是大型墓，几近方形（图九）。最大的一座墓是 M12，口长 8.9 米，宽 8.06 米，深 8.1 米，属战国时期。大中型墓大部分口部稍大于底部，仅个别口底相当（如 M270）或底稍大于口（如 M269），而小型墓多为直壁。

大型墓多数东西成对并列，间距 2~5 米。

车马坑发掘于 1965 年，同年还发掘数座大墓，这批资料仅

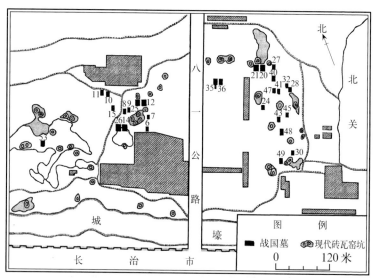

图九　长治分水岭墓地部分墓葬分布图（采自《考古》1964 年第 3 期）

发表了 M126，车马坑与其他墓由于发掘负责人在"文革"中病故，至今没有下文。仅知该车马坑出土 17 辆车、34 匹马。至于此坑位于何处，主墓属何者，都不得而知。很可能属 M126 和 M127 一组大墓。

两座马坑位于 M270 右前方约 4 米处，南北排列。1 号坑在北，内埋二马；2 号坑在南，内埋一马。根据墓葬规模推测，分水岭东周墓地还应有不少车马坑存在。

大型墓都有高大的木质椁室，如 M126，长 6.24 米，宽 4.9 米，高 2.5 米。多数椁内置一棺，少数置二棺。中小墓为一棺，无椁。

椁室底板横铺，周壁用方木构筑，其上置盖板。春秋时期大型墓有 2 座（M269、M270），椁室周壁紧贴墓壁，内侧立柱加固，底板上铺一层厚约 0.2 厘米的锡片（？）。其他大型墓均属战国时期，在椁外上下与四周填有河卵石和木炭。

椁内之棺多数髹漆，并朱绘几何形、云雷纹等图案，有的同时还在外表用青铜片或金箔镶嵌成各种图案，为他处少见。原物当异常华丽，可惜都已腐朽，无法复原。嵌铜片者有 1 座墓（M269）；嵌金箔者有 2 座墓（M14、M126），分属春秋与战国。

墓主近半数腐朽成末，可辨者一座头向东，其余均头向北；全部为仰身，其中 2 座卜肢微屈，其他为直肢。部分大墓在内棺底上，墓主身下铺一层朱砂。在并列成组的 6 对大型墓中，每对中必有一座随葬兵器且装饰品一般较少，而另一座无兵器，装饰品往往较多。依可辨性别之墓推知，有兵器者为男性，无兵器者为女性。故这 6 对大型墓为夫妇并穴墓。每对夫妇的左右位置在战国中期发生了变化，战国中期以前为男左

（东）女右（西），以后为男右女左。

在发掘的 32 座墓葬中，出有青铜容器的墓 14 座[95]，出陶容器而不出铜容器的墓 16 座，无随葬品的墓 2 座。

青铜容器若以"列鼎"为标准，则有七鼎墓 1 座（M14），五鼎墓 6 座。另外还有二鼎、一鼎及无鼎而有其他铜容器墓。这座七鼎墓属战国时期，但伴出其他铜容器很少，却出土不少兵器和车马器，墓主身份颇为特殊，好像是一位因军功受爵之人。

青铜容器墓的其他随葬品，一般依鼎数之多少而成正比例增减，规律大致如下：

（1）七鼎墓和部分五鼎墓葬有编钟和编磬。编钟有甬钟、纽钟和镈三类，镈钟仅一组 4 件，出土于一座五鼎墓（M25）中，同墓还出有甬钟和纽钟各一编。其他甬钟和纽钟亦往往每墓兼有，即各自一编，每编 9 或 8 件。编磬各墓所出之数差别较大，少者 10 件，多者 22 件。后者应是两编。

（2）除个别墓（M11）外，几乎都有车马器。车器以軎为代表，少数配有辖，但限于偏早的墓。依軎统计，每墓多者 30 件，代表 15 辆车；少者 2 件，代表一辆车。有些軎制作精美，不仅花纹繁复，而且贴有金箔。马器以镳衔为代表，镳为骨质角状。战国时，部分墓还出有伞盖（或帐盖）青铜构件，各墓构件数量不一，但不超过一伞之数。

（3）在有青铜容器的墓中，男性都有青铜兵器，女性未见。主要兵器是戈（部分有镈）、矛、剑、镞。戈、矛早晚都有，剑限于战国时期。镞的种类较多，战国墓出一种平头镞，有的饰错金花纹，长达 14 厘米，显然不是用于实战和狩猎，应属射礼用器。

（4）战国中晚期部分出青铜容器之墓还伴出陶礼器，陶器种类主要是鼎、豆、壶、盘、匜、鉴，其他还有盉、鸟柱盘、筒形器、高柄小壶等。

（5）大型铜容器墓出土较多的各种玉、石器。有的还出铜合页、环手刀、铺首和铜镜。其他特殊之器还有乐舞陶俑[96]、铜印章、金丝圈、绘花纹的鹿角、包金海贝等。

16座陶器墓均属战国时期，陶器基本组合是鼎、盖豆、盘豆、壶、盘、匜，前四种多成对，后两种多为一件。其他器物还有高柄小壶、盆、鉴、鸟柱盘、筒形器、杯等。少数陶器墓也出青铜兵器和玉石器等，但兵器只有镞和剑，不见戈与矛。

无论铜容器墓还是陶容器墓，在战国时期多数都出铜带钩。

（十四）襄汾赵康城

在襄汾县西南隅赵康镇之东有一座古城，东距汾河约5公里，当地人称"古晋城"。60年代初和80年代初进行过调查[97]。该城由大、小两城组成，小城位于大城北部正中，依大城北墙而建。

大城为南北向长方形，南部略宽于北部。方向约5度。城墙周长8480米，其中南墙长约1650米，东墙长约2600米，北墙长约1530米，西墙长约2700米。地表墙体在80年代初尚大部可见，墙基宽11米左右。夯层厚5~6厘米，圆夯窝，直径约7厘米。大城外围有护城壕，较明显的部位宽约40米，距城墙约10米。

小城保存较差，平面近方形。其东、西墙各长770米，南墙长 700 余米，北墙可能即大城北墙，待证实。小城墙体基部宽约 7 米，夯层厚约 6 厘米。

由于未进行过发掘，该城始建与使用年代只能依调查资料推测大概。据调查简报所言，城墙夯层中含有东周时期筒瓦和板瓦残片，城内有东周和汉代文化堆积，因此该城可能建于东周时期，汉代仍然使用。

（十五）宜阳故城

宜阳故城位于河南省宜阳县城西 25 公里的韩城乡[98]。城墙平面呈"凸"字形（西墙中部外凸），南北长 2220 米，东西最宽处长 1810 米。其中北墙保存较好，现存最高处可达 10 米，上宽 10～15 米，基宽约 20 米。北墙和东墙各有一门，西墙和南墙因保存较差，有无城门尚未查明。北城门东西两侧各有一向外凸出的方形夯土堆，应属城门设施。

据文献记载，宜阳为战国早期韩武子所迁之地，此后一直为韩所有，成为韩国西部御秦的重要据点。城内曾出有一些青铜兵器，城外不远处有两座大型土堆，传言为韩昭侯陵和楚王墓。

（十六）郑韩故城

郑韩故城在东周时期先后为郑国和韩国的都城，今属新郑县。该城址位于双洎河和黄水河交汇的三角地带，颇似汾浍之交的晋都新田。1923 年因在城内李家楼出土一大批春秋青铜器而轰动一时。此后便引起学术界关注。经过 50 年代的考古勘察，确认其为郑韩故城，1961 年公布为国家级文物保护单位。1964 年以来，河南省考古部门开展了大量的调查和发掘工作，屡有重要发现。如 60 年代发掘的冷藏建筑[99]；70 年代发现的青铜兵器坑[100]；80 年代在城西南许岗发现的大型陵墓[101]；90 年代发现的为数众多的青铜礼乐器等[102]。此外，还发现了各类手工业作坊，发掘了多处中小墓葬[103]。依文献记载，这些遗存应以战国早、中期之交为界，早者属郑，晚者属韩。以下一并介绍。

1. 城址

郑韩故城平面呈不规则形，东西长约 5000 米，南北长约 4500 米。部分城墙仍高耸于地面之上，保存较好处最高可达 18 米，基宽 60 米。墙体夯筑结实。依试掘得知，城墙始筑于春秋，战国时再次整修。城内中部有一道南北隔墙将其分为西城和东城两部分[104]。

西城因南墙和西墙未能确指（疑被双洎河冲毁），全形不明，依现存城墙和双洎河走向推测其有可能为南北向长方形。西城北墙保存最好，几乎全部见于地上，长约 2400 米。东墙亦即东西两城之隔墙大部没于地下，长约 4300 米。城内中北部（假设西墙在今双洎河位置）今阁老坟村一带是一处夯土建筑基址群，在已发现的十余座基址中[105]，有的面积可达六七千平方米。部分基址还彼此叠压或打破，说明经历时间较长，应该是郑、韩两国都城内的重要建筑区。被判定为"冷藏室"的建筑遗迹亦在这一建筑区内。该遗迹平面若菜刀形，"刀身"为主室，位在北；"刀把"为进入主室的通道，位在主室东南角。主室为长方形竖井状，四壁近直，口稍大于底。四壁用夯土筑成，近底部外涂草泥，其上贴嵌背面有凹槽、表面饰花纹的方砖。主室之底分两部分，东半部是五眼排成一列的圆井；西半是经过平整夯实，铺垫粗砂，再铺设方砖的地面。五眼圆井的形制结构相同，周壁用多节陶井圈套接而成。陶井圈直径最大者约 1 米，最小者 0.71 米，高度为 0.32 米。进入主室的通道是在主室筑成后挖筑而成的，两侧壁较直，底为夯土筑成的十三级台阶，从通道南口至通道北端之底斜长 7.3 米。在冷藏室四角各有一柱洞，说明其上有固定的遮盖设施。通道之上也应有可开启的遮挡物。由出土物可知，此冷藏室属战国韩都之时。有学者认为是"凌阴"[106]。

在阁老坟建筑基址群之南，即西城内近中部有一座被推测为"宫城"的建筑址。该建筑四周环有夯土围墙，内有大型夯土台基。围墙呈长方形，东西长约 500 米，南北宽约 320 米。大型夯土台基位于"宫城"内中北部。就"宫城"规模而言，其主人应是郑国或韩国之国君。

在阁老坟基址群之西不远处，亦即"宫城"之西北方向，至今地面上仍耸立一大型夯土高台。这是郑韩故城保存在地上的唯一一处夯土台基。当地民众称之为"梳妆台"。台基底部南北长约 135 米，东西宽约 80 米，台高约 8 米。台上发现有用陶井圈构筑的水井和排水管道。此高台建筑与东周其他诸侯国国都内的高台建筑一样，是国君举行重大活动的场所。此外，80 年代还在西城内北部偏东发掘三处战国时期夯土基址；在城内西北部揭露一段战国时期的覆道基址[107]。

总观西城的发现，以大型建筑基址为主，显然是郑、韩两国最高统治者的居处之所。需要指出的是，1923 年在李家楼发现的大墓位于西城，西北距"宫城"约 1000 米。该墓属春秋中晚期之际，一般认为是某位郑公之墓。这位郑公何以葬在

"宫城"附近是颇值得深思的。

东城亦呈不规则形，北墙斜直，长约1800米；东墙曲折为三段，总长约5100米；南墙逶迤蜿蜒，长约2900米。城内所见主要是手工业作坊和墓地，还有为数较多的器物坑和祭祀坑。

城内东部小吴楼村村北是一处春秋战国时期铸造青铜工具的作坊，面积约十多万平方米。出土大量铜炼渣、熔炉、鼓风管、陶范和木炭屑。陶范主要是镢、铲、镰、锛和凿范等，其中镢范最多。此外，在本铸铜作坊范围内还两次发现战国布币陶范[108]，说明该作坊也铸造铜币。

城内西南仓城村村南是一处战国时期冶铁作坊，面积约4万平方米，曾发掘出一座焙炉和二座烘范窑，并出土一批铁器和陶范。铁器有镢、锄、镰、铲、锛、凿、刀、削和锥等，以镢和锄最多。陶范有镢、锄、镰、铲、锛、凿、刀、削、剑、戟、箭杆和带钩范等，亦以镢、锄范最多。铁器和陶范应有内在联系，这批铁器很可能就产自这一作坊。所铸器类表明，这是一处以铸造生产工具为主的冶铁作坊。作坊北500米处发掘一座钱范坑，主要是面文为"蔺"和"离石"的圆首圆足布陶范，共计184件。另外还有少量圆钱陶范[109]。很可能也是供本作坊铸造的。赵布何以在韩都铸造，也是很耐人寻味的，此种"造假"行为可能是有意扰乱他国货币流通秩序。

城内偏北张龙庄村南有一处春秋战国时期的制骨作坊，面积七千余平方米。发现大量骨器成品、半成品和带有工具痕的骨料，还出有砺石和青铜刀等制骨工具。在可辨器形中，骨笄数量最多，其次是骨锥，其他还有骨珠、骨环、骨匕、骨针、骨扣、骨贝、骨镞等[110]。

东城内今大吴楼村村东北有一处战国制陶作坊，南与铸铜作坊相邻[111]。该作坊发现于 60 年代，1972 年发掘一部分，清理一座设施较完备的制陶作坊遗迹，其中部是一间砖铺地面的大型房基，东西长 9.4 米，南北宽 6.4 米，房内东半部有制陶设施和工具：偏北是一长 2.2 米、宽 1.9 米的工作面，其上残存有陶桶、陶垫和铁屑等；偏南则是一个用空心砖、方砖和长方砖砌成的长方池，长 1.8 米，宽 1.2 米，深 0.21 米。池底有一层厚 1 厘米的红色细泥，应是加工泥料的设施。池旁放有陶桶、澄滤器和数件陶垫。房内西半有烧灶和陶器，应为生活场地。房基东墙外堆有红色黏土，应为制陶原料。房外南面有一铺砖走道，沿走道往南约 10 米即为陶窑。房外四周（依图为三面）竖埋板瓦构成一道"矮墙"。在房基外围亦发现大量制陶工具，有陶垫、陶拍、陶刮板、陶支架、陶圆盘和玉石刮刀等。由出土物推断，此作坊以制作瓦类器物为主。

东城内西北部有大面积夯土基址，东南部有储粮窖穴，城内还发现制玉作坊的线索。

除上述各种作坊遗存外，东城内还有以下两项重大发现。其一是 1971 年在白庙范村发现的一批韩国青铜兵器[112]，共计 180 余件，出自一窖穴中。器类有戈、矛和剑。其中 170 余件上有铭文，每件铭文之数少者 1 字，多者 33 字。内容包括地名、职官名、工治名和纪年。地名有翼（郑）、阳人、郫、梁、阳城、隽、雍氏、平陶、安成、格氏、东周、长子等。纪年有"王二年""王三年""三十四年"等。其二是 90 年代在东城中部发现的近 20 座郑国青铜礼乐器坑和 80 余座殉马坑，它们大致排列有序，外围筑有夯土墙。共出青铜礼乐器 300 多件。各礼器坑多置九鼎八簋及其他器类；各乐器坑都置一虡

24 件编钟，其中 4 件为镈钟，有的还伴出陶埙。无论礼器还是乐器都摆放或悬挂整齐，显属从容有意而为。各殉马坑一般置二或四马，均处死后放入。发掘者认为与祭祀有关[113]。

2. 墓葬

郑韩故城城内和城外近旁已发现多处东周时期墓地，根据各墓地所跨时代和族坟墓的法则，这些墓地多属郑系，属韩系的墓地尚难确指。20 世纪 80 年代，河南省文物研究所新郑工作站在郑韩故城附近更大范围内进行大型陵墓调查，新发现十余个陵区，其中之一是辛店许岗陵墓区[114]，年代属战国中晚期，应为韩国高级贵族的墓地。

许岗陵墓位于郑韩故城西南约 10 公里，发现于 1984 年，1985 年进行了勘察。陵区内共有大型墓葬四座，车马坑、附葬坑和陪葬墓各若干。

四座大墓均有南北墓道，东西平行并列，间距 15 米或 23 米。以北墓道为准，方向 355～0 度。由于后世破坏，各墓保存状况不一，有的封土尚存；有的已见积石，几近墓底。封土保存最好的是 M3，基部南北残长 23.5 米，东西宽 14.5 米，高出现地面 8 米左右。在墓区内所见遗物均为战国时期的建筑材料板瓦和筒瓦等，而不见任何生活用器，很可能为墓上建筑遗存。东面两座即 M1 和 M2 形制相同，平面呈"中"字形，墓室宽于墓道。其中 M1 位居最东，南北总长 141 米。墓室东半被破坏，复原后长、宽各约 20 米左右；南墓道长 77.5 米，北宽 11.4 米，南宽 10.25 米；北墓道长 42 米，南宽 10.3 米，北宽 10.2 米。M2 位于 M1 之西，规模稍小，南北总长 117.5 米。西面两座即 M3 和 M4 形制相同，口部平面，墓室和墓道等宽，无分界。其中 M3 位于 M2 和 M4 之间，在四座墓中规模最大，南北总长 168 米，因中部被封土所压，仅知墓道南端宽 9 米，北端宽 12 米。M2 位居最西，南北总长 121.5 米。四座墓的排列两两成组，东面的 M1 和 M2 为一组，西面的 M3 和 M4 为一组。各组中东面一座大于西面一座。如报告作者所言，这种排列可能是夫妇并穴合葬。

在 M1 南墓道东西两侧分别有小型墓葬和大型附葬坑；在四座大墓的北面有四座东西成一条直线排列的长方坑，方向约与大墓垂直，为 92~94 度。坑内曾出过人与马骨，有可能是属于大墓的马坑或车马坑。在大墓的南面曾发现过五六座空心砖墓，方向基本与大墓相同，两者很可能有内在联系。

（十七）登封阳城故城

阳城遗址位于登封告成镇镇北[115]，1976 年发现，1977 年至 1981 年进行了调查和发掘。阳城先后为郑、韩两国的重要城邑，现知文化遗存主要属战国时期。城址坐落在一个名叫"圪塔坡"的台形高地的南坡上，地势北高南低。城墙呈南北长方形，大致依自然地势修筑而成。南北长 1700~1850 米，东西宽约 700 米。墙基宽窄不一，约为 25~30 米。北墙保存最高，现存高度为 8 米，其余三面城墙保存较差，大部地上无存。

在城北"圪塔坡"高地的北坡上，还有两道东西向夯土墙，大致与北城墙平行，其东西两端是较深的断崖。这两道夯土墙和断崖把具有居高临下之势的"圪塔坡"围拢起来，使之成为阳城的一部分。北城墙和西城墙外侧都有护城壕的残迹，宽 50~60 米，东城墙沿小河的西岸筑成，故此小河起着护城壕的作用。南城墙外地势低平，城壕未详。不过颍河距南城墙最远不足千米，也起着天然屏障的作用。

城内发掘范围有限，重要的发现是设施齐全的供水遗迹，包括输水管道、流量控制坑、沉淀池、贮水坑和蓄水瓮等。时代属战国晚期。已发现的八处陶质输水管道，均由地势较高的城北面东、西两侧小河引入。在放置陶水管之前，先挖凿放水管的沟槽。这些沟槽或挖在土层中，或挖在红砂岩中。仅第一至第三处就长达1200米。其中部分岩石沟槽口宽0.75米，底宽0.25米，深达1.5米。工程相当艰巨。陶水管种类多样，亦为他处罕见。

城南近颍河处有一冶铁作坊遗址，面积约23000平方米，时代从战国至汉代。发现有烘范窑、脱炭炉。出有熔炉残块、鼓风管、陶模和陶范等。依陶范可知，所铸器物有锄、镶、斧、镰、锸、锛、凿、削、戈、剑、刀、匕首、带钩和釜、鼎类容器等。由统计得知，此作坊主要铸造生产工具，其中农业工具范最多。此外，还出土大量条材范和板材范，条材和板材的铸造为直接脱炭锻打提供了方便。

城内出土和采集到不少陶器，值得一提的是复原有六件陶量，均属战国时期，容积为1670~2335立方厘米。有的陶器上印有"阳城""阳城仓器"等陶文，可证该城即东周时期之阳城。

（十八）陕县东周墓

20世纪50年代在河南陕县后川与李家窑一带发掘东周墓百余座[116]，其中李家窑的10座墓年代偏早，约为春秋早期，而且距上村岭虢国墓地很近，应属虢国墓。后川墓多属战国，也有一部分属春秋中晚期，应属晋或魏墓。

后川墓见于村东、西、北三面，村下也应有不少，似属同一墓地。因发掘分散，整体布局不明。在已发掘的九十余座墓中，多数为北向，少数为东向，个别为南向。二墓平行并列者常见。

所有墓（含李家窑者，下同）都为长方形竖穴土坑，据报告统计，除 3 座破坏严重墓壁不明外，其余有 19 座为直壁，12 座为袋状壁，71 座为坡状壁。依口计算，最大一座（M2040）长 7 米，宽 5.7 米。多数墓较深，最深者（M3501）可达 12.7 米。

填土多经夯打，一墓（M2040）椁外有积石积炭，一墓（M2075）椁外仅有积石。

葬具有 8 座不明，其余之墓，一椁二棺 33 墓；一椁一棺 52 墓，占半数以上；单棺墓较少，为 12 墓。椁室最大者（M2090）长 6.1 米，宽 4.5 米，高 2.2 米。内棺部分髹漆，一般外黑内红。

墓主人可知者大部分为仰身直肢，计 62 座。仰身下肢微曲者 12 座。多数双手交于腹部。

有 2 墓在棺椁之间各置一殉人，其一在墓主（M2138）足端棺椁之间，仰身直肢，头向南，即与墓主垂直。身旁有车马器。其二在墓主（M2124）足端一侧，头向东，与墓主同方向，葬有带钩和玉饰。有 3 墓在椁内殉狗，此种现象比较少见。少数墓还存有牛、羊、猪或鸡骨，保存有较早遗风。

依随葬品分类，铜器墓共 22 座。偏早的出有铜鼎、簋、盘、匜、铄等，部分同出一件陶鬲，时属春秋。偏晚的出有鼎、豆、盘、匜、铄、甗、瑚、鉴、敦等，有的同出有仿铜陶礼器鼎、豆、壶，时属战国。陶器墓数量较多，偏早时器类有鬲、盆、豆、罐，组合与西周相类，为生活用器。偏晚时则以仿铜陶礼器鼎、豆、壶为主，素面器上多饰彩绘，战国早期偶有鬲。到战国中期或稍晚，陶器中出现了盘、匜、鸟柱盘、筒形器和小壶。

其他葬品较特别者有以下几项值得注意：

1. 鹿角成对出现，见于 7 墓，其中一对有彩绘。多属男性墓。

2. 海贝共出土 1046 件，多与马器同出，或为辔饰。

3. 有 7 墓出土玉覆面，玉玦仅见于 2 墓。

在所掘百余座墓中，M2040 规模最大，一直为学术界关注。因所出一件铜戈上有"子孔择厥吉金铸其元用"铭文，故该墓被部分学者视为"子孔"之墓[117]，兹重点介绍如下。

该墓墓口长 7 米，宽 5.7 米，深近 10 米。壁近直。椁外积石积炭，其上填土夯实。椁室高大，长 5.7 米，宽 4.25 米，高约 2.5 米。底板与盖板横置。椁内有棺二重。墓主仰身直肢，头向属墓地中少见之例，为南向。随葬品近 2000 件，其中棺椁间所见大致是礼器位于墓主左侧；乐器在墓主头端；兵器和车马器在右侧及足端。就主要葬品而言，青铜礼器有盖鼎 5、无盖鼎 5、鬲形鼎 7、盖豆 4、无盖豆 2、方壶 2、圆壶 2、瑚 2、敦 2、铄 2、盘 3、匜 2、鬲 1、甗 1 件。附属器还有鼎钩、勺、匕、筓、箕等。乐器有青铜编钟 20、编镈 9 件；石编磬 10 件。青铜兵器有剑、戈、矛、戟、镞等。青铜车马器及工具有害、盖弓帽、当卢（?）、衔、镳、带扣、节约、刀、斧、凿等。铁器有剑。其他器青铜类有带钩、铜镜和合叶。玉石类有圭、璋、砺石和琮、璧、璜（珩）。骨器类有骨环、骨管、骨贝、海贝和鹿角。还有漆盒、陶响铃。

M2040 的时代或以为属春秋晚期[118]，或以为属战国中期[119]。墓中虽然出有铁剑、铜镜，但未见陶礼器和钱币，属战国早期或稍晚为宜。

（十九）其他发现

其他墓地、居址与晋国重要青铜礼乐器的发现以下面三表说明（表四—六）。

表四　　　　　　　　墓葬登记

地 点	时代	国别	墓数	特 别 说 明	文献
山西翼城凤家坡	西周早期	晋	收集	青铜礼器 3 件，均有铭文，还有铜斝、海贝和毛蚶等。	《文物》1963 年第 4 期
山西芮城柴村	西周中期	魏	收集	青铜礼器、乐器、兵器、车马器；陶器、玉石器、骨器等。应出于墓中。	《考古》1989 年第 10 期
山西临猗程村	春秋中晚期	魏	8	共发掘墓 52 座，车马坑 8 座。最高为 5 鼎墓，出有青铜礼乐器、兵器、车马器与陶器等。	《考古》1991年第 11 期；《文物》1993年第 3 期
山西运城南相村	春战之际	魏	2	最高为 3 鼎墓，出有青铜礼器、兵器、车马器、带钩；陶器和石圭片等。	《文物季刊》1990 年第 1 期
山西稷山下廉城	春战之际	魏	收集	铜器 4 件。	《文物季刊》1997 年第 1 期

地 点	时代	国别	墓数	特 别 说 明	文献
山西曲沃望绛	东周	晋？	38	还有车马坑。估计有千余座墓。出有青铜器、玉器。	《文物世界》2000 年第 2 期
山西曲沃城关	战国	？	收集	小南关和薛庄都出有铜剑	《考古》1987 年第 12 期
山西长子景义村	西周	？	收集	铜礼器 4 件，其中 3 件有铭文。	《文物》1979 年第 9 期
山西长子西旺村	西周	？	收集	铜礼器 2 件，陶鬲、海贝。	《文物》1959 年第 2 期
山西屯留	西周	？	收集	青铜礼器 2 件。	《考古》1982 年第 6 期
山西屯留上村	西周	？	收集	青铜礼器、兵器；陶器。	《考古》1991 年第 2 期
山西长治小山头	春秋战国	韩	9	陶器	《考古》1985 年第 4 期
山西沁水乌苏村	春战之际	赵？	收集	青铜礼器 6 件。	《山西文物》1982 年第 2 期
山西屯留武家沟	战国	？	收集	青铜礼器、兵器、车马器。	《考古》1983 年第 3 期
山西潞城潞河	战国	韩？	若干	其中 M7 积石积炭，出青铜礼乐器、兵器、车马器、包金贝；石圭等。	《文物》1986 年第 6 期
同上	战国	韩？	6	陶器、铜带钩、铜环、骨笄、料珠等。	《考古》1990 年第 11 期

地点	时代	国别	墓数	特 别 说 明	文献
山西长子牛家坡	战国	韩	8	最高 5 鼎墓。出有青铜礼器、兵器、车马器、铜镜和陶器、木俑、鹿角、海贝。	《考古学报》1984 年第 4 期
山西长子孟家庄	战国	韩	24	陶器。	《三晋考古》第 1 辑
山西浑源李峪村	春战之际	赵?代?	3	青铜器。	《考古》1983 年第 3 期
山西原平峙峪村	战国	赵	1	青铜礼器 10 件及兵器、车马器、工具。马头 2。	《文物》1972 年第 4 期
山西原平刘庄	春战之际	戎?	2	共 4 墓，石棺。出青铜礼器、兵器；金器、铁器。	《文物》1986 年第 11 期
山西原平刘庄	春战之际	戎?	22	发表 5 墓。石椁、石棺。青铜礼器、兵器、车器；陶器。	《文物季刊》1998 年第 1 期
山西忻州奇村	战国	赵	1	青铜兵器、带钩；陶器。	《文物季刊》1995 年第 2 期
山西定襄中霍	春战之际	戎?	5	积石墓 1。出青铜礼器。2 墓有殉人。	《文物》1997 年第 5 期
山西右玉	商周之际	?		乳丁纹簋。	《考古》1983 年第 8 期
山西榆次	战国	赵	10	发表 1 墓。有铜鼎、镜、币。铁带钩。陶罐等。	《文物季刊》1997 年第 3 期
山西榆次猫儿岭	战国	赵	55	青铜兵器、车器、带钩；陶器。石圭等。	《三晋考古》第 1 辑

续表四

地 点	时代	国别	墓数	特 别 说 明	文献
山西临县三交	战国	赵	14	陶器、带钩等。	同上
山西交口窑瓦村	战国	赵	1	青铜礼器；陶器。	同上
山西古交屯村	战国	赵	1	居址与墓。有陶器、石圭。	同上
河南新郑蔡庄	东周	郑、韩	19	其中战国墓8座，出青铜礼器、玉器、陶器。	《中原文物》1987年第4期
新郑河李村	东周	郑	8	陶器、玉器、骨器、海贝（口内）等。	同上
郑州市	春战之际	郑、韩	24	陶器。	《华夏考古》2000年第4期
河南安阳张河固	春战之际	?	9	陶器、骨器、石圭等。	《华夏考古》2000年第2期
安阳大司空	东周	?	9	陶器；铜带钩；铁器、玉器、石器等。	《考古学报》第9期
安阳后岗	东周	?	14	陶器；铜带钩、骨器、石圭。	《考古》1972年第3期
河南林县要街	东周	?	收集	一墓地。陶器等。	《考古》1960年第7期
河南辉县吕巷	战国	魏	1	青铜礼器、兵器、车马器、工具等。	《中原文物》1981年第1期
河南辉县三位营	战国	魏	收集	青铜礼器、兵器；陶器。	《文物》1975年第5期

地　点	时代	国别	墓数	特　别　说　明	文献
河南新乡杨岗	战国	魏	3	陶器；铜带钩、璜形器等。	《考古》1987 年第 4 期
河南新乡丁固城	战国	魏	7	主要是陶器，并有陶文。骨笄、铁带钩。	《中原文物》1985 年第 2 期
郑州市	战国	韩	9	陶器及陶文；铜带钩。	《中原文物》1997 年第 3 期
同上	战国	韩	19	共 2 处。有 6 座是空心砖墓。出陶器及陶文；铜带钩、铜璜形器；料珠等。	同上
郑州二里岗	战国	韩	212	有空心砖墓。出铜器、陶器、玉石器、骨器等。	《郑州二里岗》
郑州碧沙岗	春战之际	郑、韩	145	10 座有腰坑及小狗。陶器；铜带钩；玉石器、骨器等。	《文物参考资料》1956 年第 3 期
郑州岗杜	东周及汉	郑、韩	47	陶器；铜器有带钩、镜、璜形器、空首布、刀币等。	《文物参考资料》1955 年第 10 期
河南禹县白沙	战国	郑、韩	43	陶器；铜镞等。	《考古学报》第 7 期
河北内邱小驿头	东周	赵	25	陶器；铜带钩、印章；石器、蚌器、骨器；铁带钩等。	《河北省考古文集》
河北行唐	战国	中山	收集	出自 2 墓。有青铜礼器、工具。	同上
河北唐县北城子	东周	中山	收集	一墓地。出有青铜礼器、兵器、合叶、盖弓帽；陶器等。	《文物春秋》1991 年第 1 期

续表四

地　点	时代	国别	墓数	特　别　说　明	文献
河北临城中羊泉	战国	赵	160盗甚	战国与汉墓，有陶器及陶文；铜器有兵器、工具、带钩、印章、铃；铁器、玉器、骨器等。	《考古》1990 年第 8 期
河北邢台南大王	战国	赵	7	青铜兵器、车马器；陶器、骨器、玉石器等。	《考古》1959 年第 7 期
河北邢台尹郭村	战国	赵	2	陶器；铜带钩等。	《文物》1960 年第 4 期
河北新乐中同村	战国	中山	1	石椁墓。出青铜礼器、金器和玉石器等。	《考古》1984 年第 11 期
河北柏乡东小京	战国	赵	收集	出于一墓，有陶器，铜器有镜、印章、带钩、璜形器、布币。象牙干支筹 11 和象牙矩形器 64 等。	《文物》1990 年第 6 期
河北武安午汲	东周、汉	赵	25	在城内。个别有腰坑。出有陶器、骨器和石圭等。	《考古》1959 年第 7 期

表五　　　　　　　　　　　居址登记表

地　点	时代	国别	特　别　说　明	文献
山西榆社台曲	东周	赵	先商与东周遗物。	《三晋考古》第 1 辑
山西盂县北村	东周	赵、仇由？	有城址，疑与仇由有关。	《考古》1991 年第 9 期
山西新绛白村	西周春秋	晋	灰坑。陶器等。	《文物季刊》1994 年第 2 期
河南安阳阜城	战国	赵	陶窑 3 座，其中之一是半倒焰窑。	《华夏考古》1997 年第 2 期

地 点	时代	国别	特 别 说 明	文献
河南鹤壁故县村	战国、汉	赵？魏？	冶铁遗址。	《农业考古》1991 年第 3 期
河南辉县共城	战国	魏	冶铁址，有烘范窑、陶范、残铁器。	《农业考古》1996 年第 1 期
河南新郑	战国	韩	在小高庄村西，有一坑出大量钱范，以"蔺"、"离石"圆足布范为主。	《农业考古》1994 年第 4 期
同上	东周	郑、韩	制骨作坊。有陶器、骨料等。	《农业考古》1990 年第 2 期
河北井陉南良都	战国	？	房子、陶器等。	《河北省考古文集》
河北石家庄	战国	赵	陶器；铜带钩、布币等。	《考古学报》1957 年第 1 期
河北武安午汲	东周	赵	陶窑及陶器等。	《考古》1959 年第 7 期

表六　　　　晋国重要有铭青铜礼乐器登记表（非发掘品）

器名	铭文大意	时代	传出地点	文献
冒鼎	战争与赏赐	西周中期	晋侯墓地（？）	《上海博物馆集刊》第 6 辑
晋伯降父甗	作器	两周间	？	《上海博物馆集刊》第 7 辑
伯盨父鼎	作器	西周		《两周金文辞大系图录考释》
晋姜鼎	颂扬晋事迹，提及文侯	春秋早期或稍晚		同上

续表六

器名	铭文大意	时代	传出地点	文献
晋公盦	颂扬唐公叔虞等事迹	春秋中期		同上
邿钟	音乐等	春秋中期或稍晚	山西万荣后土祠	同上
子犯钟	子犯及晋公伐荆楚。受赏铸钟等	春秋	？	《故宫文物月刊》第 13 卷第 1 期等
戎生钟	戎生颂扬其祖考与自己的事迹	春秋	？	《文物》1999 年第 9 期
赵孟壶	晋吴黄池之会	春秋晚期	河南辉县	《考古社刊》第 6 期
智君子鉴	作器	春秋晚器	河南辉县	《辅仁学志》第 7 卷第 1~2 期
骉羌钟	韩齐之战，入长城	战国	洛阳	同上
嗣子壶	作器	战国	洛阳	同上

注：表六不包括可明确断定出于晋侯墓地的盗掘品。

注　释

[1] 北京大学历史系考古专业山西实习组、山西省文物工作委员会《翼城曲沃考古勘察记》，《考古学研究（一）》，文物出版社 1992 年版；北京大学考古专业商周组等《晋豫鄂三省考古调查简报》，《文物》1982 年第 7 期。

[2] 北京大学考古学系、山西省考古研究所《天马—曲村遗址 J6、J7 区周代居址发掘简报》，《文物》1998 年第 11 期；北京大学考古学系、山西省考古研究所编著《天马—曲村（1980~1989)》周代居址部分，科学出版社 1999 年版。

[3] 居址中也有少数墓葬发现，零散而不集中。

[4] 北京大学考古学系、山西省考古研究所《1992 年春天马—曲村遗址墓葬发

掘报告》，《文物》1993 年第 3 期；北京大学考古学系、山西省考古研究所
《天马—曲村遗址北赵晋侯墓地第二次发掘》，《文物》1994 年第 1 期；山
西省考古研究所、北京大学考古学系《天马—曲村遗址北赵晋侯墓地第三
次发掘》和《天马—曲村遗址北赵晋侯墓地第四次发掘》，《文物》1994 年
第 8 期；北京大学考古学系、山西省考古研究所《天马—曲村遗址北赵晋
侯墓地第五次发掘》，《文物》1995 年第 7 期；北京大学考古学系、山西省
考古研究所《天马—曲村遗址北赵晋侯墓地第六次发掘》，《文物》2001 年
第 8 期；曲沃县博物馆《天马—曲村青铜器介绍》，《文物季刊》1996 年第
3 期。

［5］北京大学考古学系、山西省考古研究所编著《天马—曲村（1980～1989）》
周代墓葬部分，科学出版社 1999 年版；天马—曲村遗址 90 年代发掘资料，
待刊。

［6］每一发掘区长宽各 200 米。

［7］解希恭《山西洪赵县永凝堡出土的铜器》，《文物参考资料》1957 年第 8
期。

［8］畅文斋、张吉先《山西洪洞县坊堆村及永凝东堡发现古代文化遗址》，《文
物参考资料》1953 年第 12 期。

［9］山西省文物管理委员会《山西洪赵县坊堆村古遗址墓群清理简报》，《文物
参考资料》1955 年第 4 期。

［10］畅文斋、顾铁符《山西洪赵县坊堆村出土的卜骨》，《文物参考资料》1956
年第 7 期。

［11］张德光《山西洪洞古城的调查》，《考古》1963 年第 10 期。

［12］山西省文物工作委员会、洪洞县文化馆《山西洪洞永凝堡西周墓葬》，《文
物》1987 年第 2 期；临汾地区文化局《洪洞永凝堡西周墓葬发掘报告》，
《三晋考古》第 1 辑，山西人民出版社 1994 年版。

［13］北京大学考古学系调查资料。

［14］杨富斗《侯马考古工作概况》，《晋文化研究座谈会纪要》，山西省考古研究
所编，1985 年。

［15］顾铁符《晋南——文物的宝库》，《文物参考资料》1956 年第 10 期。

［16］李晓东《中国文物学概论》第 346 页，河北人民出版社 1990 年版。

［17］山西省考古研究所侯马工作站编《晋都新田》，山西人民出版社 1996 年版。

［18］杨富斗《侯马西新发现一座古城遗址》，《文物参考资料》1957 年第 10 期；
畅文斋《侯马地区古城址的新发现》，《文物参考资料》1958 年第 12 期；

山西省考古研究所侯马工作站《山西侯马晋国遗址牛村古城的试掘》,《考古与文物》1988 年第 1 期。

[19] 同 [17],第 12~13 页。

[20] 山西省考古研究所侯马工作站《山西侯马呈王古城》,《文物》1988 年第 3 期;同 [17],第 19 页。

[21] 同 [17],第 116 页。

[22] 山西省考古研究所《侯马北坞古城勘探发掘简报》,《三晋考古》第 1 辑,山西人民出版社 1994 年版;同 [17],第 16 页。

[23] 李永敏《1960、1988 年凤城古城遗址、墓葬发掘报告》,《晋都新田》,山西人民出版社 1996 年版;姚鉴等《侯马东周文化遗存新发现报导》,《文物参考资料》1957 年第 1 期。

[24] 北京大学考古学系调查资料。

[25] 山西省考古研究所《侯马铸铜遗址》,文物出版社 1993 年版。

[26] 同 [17],第 66 页。

[27] 同 [25];山西省文物管理委员会《山西省文管会侯马工作的总收获》,《考古》1959 年第 5 期;山西省文管会侯马工作站《1959 年侯马"牛村古城"南东周遗址发掘简报》,《文物》1960 年第 8、9 期及 1961 年第 1 期;侯马市考古发掘委员会《侯马牛村古城南东周遗址发掘简报》,《考古》1962 年第 2 期;山西省考古研究所《侯马陶范艺术》,普林斯顿大学出版社 1996 年版。

[28] 山西省考古研究所侯马工作站《1992 年侯马铸铜遗址发掘简报》,《文物》1995 年第 2 期。

[29] 山西省考古研究所侯马工作站《侯马晋国陶窑遗址勘探与发掘》,《考古与文物》1989 年第 3 期。

[30] 山西省文管会侯马工作站《侯马东周时代烧陶窑址发掘纪要》,《文物》1959 年第 6 期;同 [17],第 70~73 页。

[31] 同 [25],第 61 页。

[32] 山西省考古研究所《上马墓地》第 273~275 页,文物出版社 1994 年版。

[33] 同 [17],第 78 页。

[34] 山西省考古研究所侯马工作站《晋国石圭作坊遗址发掘简报》,《文物》1987 年第 6 期;同 [17],第 79~82 页。

[35] 山西省考古研究所侯马工作站《侯马呈王路建筑群遗址发掘简报》,《考古》1987 年第 12 期。

［36］山西省文管会侯马工作站《侯马北西庄东周遗址的清理》，《文物》1959 年第 6 期；同［17］，第 51~52 页。

［37］谢尧亭《侯马晋国祭祀遗址发掘报告》，《晋都新田》，山西人民出版社 1996 年版。

［38］同［37］。

［39］山西省文物工作委员会编《侯马盟书》，文物出版社 1976 年版。

［40］同［37］。

［41］山西省考古研究所侯马工作站《山西侯马牛村古城晋国祭祀建筑遗址》，《考古》1988 年第 10 期。

［42］山西省考古研究所侯马工作站《侯马西南庄祭祀遗址调查试掘简报》，《三晋考古》第 1 辑，山西人民出版社 1994 年版。

［43］王金平、范文谦《侯马牛村古城南墓葬发掘报告》，《晋都新田》，山西人民出版社 1996 年版。

［44］山西省文物管理委员会侯马工作站《山西侯马上马村东周墓葬》，《考古》1963 年第 5 期；山西省考古研究所《山西侯马上马墓地发掘简报》，《文物》1989 年第 6 期；山西省考古研究所《上马墓地》，文物出版社 1994 年版；杨富斗《山西侯马上马村发现东周铜器》，《考古》1959 年第 7 期。

［45］谢尧亭《侯马东高墓地调查》，《晋都新田》，山西人民出版社 1996 年版。

［46］范文谦《山西侯马下平望墓地出土的东周铜器》，《文物季刊》1993 年第 1 期；山西省考古研究所侯马工作站《山西侯马下平望两座东周墓》，《文物季刊》1993 年第 4 期；《侯马下平望墓地发掘报告》，《三晋考古》第 1 辑，山西人民出版社 1994 年版。

［47］山西省文物管理委员会等《侯马东周殉人墓》，《文物》1960 年第 8~9 期；山西省文物工作委员会写作小组《侯马战国奴隶殉葬墓的发掘——奴隶制度的罪证》，《文物》1972 年第 1 期；吴振禄、李永敏《侯马乔村墓地述要》，《晋都新田》，山西人民出版社 1996 年版。

［48］胡敬彪《侯马排葬墓发掘报告》，《晋都新田》，山西人民出版社 1996 年版。

［49］杨富斗等《新绛柳泉墓地调查、发掘报告》，王金平《新绛柳泉墓地采集的铜器》，均见《晋都新田》，山西人民出版社 1996 年版。

［50］朱华《闻喜上郭村古墓群试掘》，山西省考古研究所《1976 年闻喜上郭村周代墓葬清理记》，山西省考古研究所《闻喜县上郭村 1989 年发掘简报》，均见《三晋考古》第 1 辑，山西人民出版社 1994 年版；运城行署文化局等《山西闻喜邱家庄战国墓葬发掘简报》，《考古与文物》1983 年第 1 期。另

外还有两次发掘，报告未发，仅有部分器物发表。

[51] 北京大学考古学系资料。

[52] 山西省考古研究所编《山西考古四十年》第146页，山西人民出版社1994年版。

[53] 朱华《闻喜上郭村古墓群试掘》，《三晋考古》第1辑，山西人民出版社1994年版。

[54] 山西省考古研究所《1976年闻喜上郭村周代墓葬清理记》，《三晋考古》第1辑，山西人民出版社1994年版。

[55] 运城行署文化局等《山西闻喜邱家庄战国墓葬发掘简报》，《考古与文物》1983年第1期。

[56] 山西省考古研究所《闻喜县上郭村1989年发掘简报》，《三晋考古》第1辑，山西人民出版社1994年版。

[57] 同[44]，第192页注76。

[58] 陶正刚《闻喜县上郭东周墓地》，《中国考古学年鉴（1989）》第128页，文物出版社。

[59] 陶正刚、叶学明《古魏城和禹王古城调查简报》，《文物》1962年第4、5期。

[60] 山西省文管会、山西省考古研究所《山西芮城永乐宫新址墓葬清理简报》，《考古》1960年第8期。

[61] 戴尊德《芮城柴村铜器铭文考释》，《古文字研究》第9辑，1984年；戴尊德、刘岱瑜《山西芮城柴村出土的西周铜器》，《考古》1989年第10期。

[62] 邓林秀《山西芮城东周墓》，《文物》1987年第12期。

[63] 杨富斗《山西万荣县庙前村的战国墓》，《文物参考资料》1958年第12期。

[64] 杨富斗《山西万荣庙前村东周墓地调查发掘通讯》，《考古》1963年第5期；张颔《万荣出土错金鸟书戈铭文考释》，《文物》1962年第4、5期。

[65] 山西省考古研究所《万荣庙前东周墓葬发掘收获》，《三晋考古》第1辑，山西人民出版社1994年版。

[66] 《史记·孝武本纪》第464页，中华书局1975年版；《汉书·郊祀志》第1225页，中华书局1975年版。

[67] 杨富斗《山西万荣县发现古城遗址》，《考古》1959年第4期；陶正刚《山西境内东周古城址调查》，《晋文化研究座谈会纪要》，1985年。

[68] 陶正刚《山西闻喜的"大马古城"》，《考古》1963年第5期。

[69] 《水经·汾水注》："（汾水）又西经清原城北，故青阳亭也，城北有清原，

晋侯蒐清原，作三军处也。"

[70] 陶正刚、叶学明《古魏城和禹王古城调查简报》，《文物》1962年第4、5期；中国科学院考古研究所山西工作队《山西夏县禹王城调查》，《考古》1963年第9期。

[71] 文物出版社编《新中国考古五十年》（山西部分），文物出版社1999年版；山西省考古研究所编《山西考古四十年》，山西人民出版社1994年版。

[72] 尺度依注[70]平面图推算。

[73] 张童心、黄永久《夏县禹王城庙后辛庄战国手工业作坊遗址调查简报》，《文物季刊》1993年第2期；黄永久《禹王城遗址发现的铸币范》，《山西省考古学会论文集（二）》，山西人民出版社1994年版。

[74] 李学勤认为辉县春秋墓为卫墓，见《东周与秦代文明》第一部分第五章，文物出版社1984年版；俞伟超认为辉县春秋墓是晋卿范氏之墓，见《先秦两汉考古学论集》，文物出版社1985年版。

[75] 中国科学院考古研究所《辉县发掘报告》，科学出版社1956年版；郭宝钧《山彪镇与琉璃阁》，科学出版社1959年版。

[76] 中国科学院考古研究所《辉县发掘报告》，科学出版社1956年版。

[77] 依报告有关数据推算，其他部分尺度亦然。

[78] 张新斌先生认为是赵都中牟时的赵王陵。见张新斌《辉县固围村战国墓国别问题讨论》，《中原文物》1994年第2期。

[79] 郭宝钧《山彪镇与琉璃阁》，科学出版社1959年版。

[80] 同[76]。

[81] 谢元璐、张颔《晋阳古城勘察记》，《文物》1962年第4、5期。

[82] 山西省考古研究所等《太原金胜村251号春秋大墓及车马坑发掘简报》，《文物》1989年第9期；山西省考古研究所等《太原晋国赵卿墓》，文物出版社1996年版；山西省考古研究所编《山西考古四十年》第175页，山西人民出版社1994年版。

[83] 侯毅《再论太原251号大墓的年代及墓主问题》，《辽海文物学刊》1992年第1期；姑射《太原金胜村251号墓墓主及年代》，《北方文物》1992年第1期；又见[82]。

[84] 渠川福《太原金胜村大墓年代的推定》，《文物》1989年第9期。

[85] 河北省文物管理处《河北省三十年来的考古工作》，《文物考古工作三十年》，文物出版社1979年版。

[86] 邯郸市文物保管所《河北邯郸市区古遗址调查简报》，《考古》1980年第2

期；河北省文物管理处等《赵都邯郸故城调查报告》，《考古学集刊（4）》，中国社会科学出版社 1984 年版。

[87] 齐临淄城的大、小城相接，与邯郸城稍有区别，但大、小的方位是一致的。

[88] 北京大学、河北省文化局邯郸考古发掘队《1957 年邯郸发掘简报》，《考古》1959 年第 10 期；河北省文化局文物工作队《河北邯郸百家村战国墓》，《考古》1962 年第 12 期。

[89] 河北省文管处等《河北邯郸赵王陵》，《考古》1982 年第 6 期。

[90] 另有一墓（M59）底长 7.4 米，宽 6 米，大于 M57，但该墓无任何遗物，简报中未注明口部尺度，可能保存很差。

[91] 山西省文物工作委员会《建国以来山西省考古和文物保护工作的成果》，《文物考古工作三十年》第 60 页，文物出版社 1979 年版。按：依简报统计，发掘东周墓 30 余座。

[92] 山西省文物管理委员会《山西长治市分水岭古墓的清理》，《考古学报》1957 年第 1 期；山西省文物管理委员会《山西长治分水岭战国墓第二次发掘》，《考古》1964 年第 3 期；边成修《山西长治分水岭 126 号墓发掘简报》，《文物》1972 年第 4 期；山西省文物工作委员会晋东南工作组等《长治分水岭 269、270 号东周墓》，《考古学报》1974 年第 2 期。

[93] 有二墓（M43 和 M12）总平面图为南北长，东西窄，与他墓同。但简报在文中又说 M43 墓主头向东，而 M12 单独平面图为东西长，南北窄。

[94] M35 的墓道依简报坑位图在墓室之南，而该墓平剖面图与文字所述在墓室之北，可能为后者。

[95] 其中有一座（M127）未公布详细材料，本节有关器物的统计数据不含此墓。

[96] 有 2 墓出乐舞陶俑，一墓（M14）出 18 件；另一墓（65 年发掘简报未发表）出 9 件，见山西省义物工作委员会编《山西出土文物》图 104，1980 年。

[97] 山西省文物管理委员会侯马工作站《山西襄汾赵康附近古城址调查》，《考古》1963 年第 10 期；北京大学考古学系调查资料。

[98] 赵安杰《战国宜阳故城调查简报》，《中原文物》1988 年第 3 期。

[99] 河南省博物馆新郑工作站等《河南新郑郑韩故城的钻探和试掘》，《文物资料丛刊》第 3 辑，1980 年；马世之《略论韩都新郑的地下建筑及冷藏井》，《考古与文物》1983 年第 1 期；河南省文物研究所《郑韩故城内战国时期

地下冷藏室遗迹发掘简报》,《华夏考古》1991 年第 2 期。

[100] 郝本性《新郑"郑韩故城"发现一批战国铜兵器》,《文物》1972 年第 10
期。

[101] 河南省文物研究所新郑工作站等《新郑县辛店许岗东周墓调查简报》,《中
原文物》1987 年第 4 期。

[102] 蔡全法等《新郑郑韩故城金城路考古取得重大成果》,《中国文物报》1994
年 1 月 2 日第 1 版;《郑韩故城考古又获重大成果》,《中国文物报》1997
年 2 月 23 日第 1 版;河南省文物考古研究所新郑工作站《郑韩故城青铜礼
乐器坑与殉马坑的发掘》,《华夏考古》1998 年第 4 期。

[103] 杨育彬、袁广阔《20 世纪河南考古发现与研究》,中州古籍出版社 1997 年
版。

[104] 河南省博物馆新郑工作站等《河南新郑郑韩故城的钻探和试掘》,《文物资
料丛刊》第 3 辑,1980 年;杨育彬、袁广阔《20 世纪河南考古发现与研
究》,中州古籍出版社 1997 年版。

[105] 注[103]称十余处,注[99]河南省博物馆新郑工作站及马世之文称一
千多处,今从注[103]。

[106] 卫斯《我对韩都新郑"地下室"的看法》,《文物季刊》1989 年第 2 期。

[107] 李德保等《新郑发现一座韩国大型建筑遗址》,《中国文物报》1987 年 10
月 23 日第 2 版;同[103]。

[108] 河南省博物馆新郑工作站等《河南新郑郑韩故城的钻探和试掘》,《文物资料
丛刊》第 3 辑,1980 年;河南省文物考古研究所《河南新郑新发现的战国
钱范》,《华夏考古》1994 年第 4 期。

[109] 同[108]。

[110] 河南省文物研究所《郑韩故城制骨遗址的发掘》,《华夏考古》1990 年第 2
期。

[111] 河南省文物研究所《河南新郑郑韩故城制陶作坊遗迹发掘简报》,《华夏考
古》1991 年第 3 期。

[112] 同[100]。

[113] 同[102];蔡全法、马俊才《郑韩故城 4 号、15 号坑铜礼乐器浅析》,
《华夏考古》1998 年第 4 期。

[114] 同[101]。

[115] 河南省文物研究所等《登封王城岗与阳城》,文物出版社 1992 年版。

[116] 黄河水库考古工作队《1957 年河南陕县发掘简报》,《考古通讯》1958 年

第 11 期；中国社会科学院考古研究所编《陕县东周秦汉墓》，科学出版社1994 年版。

[117] 郭宝钧《商周铜器群综合研究》第 110 页，文物出版社 1981 年版。

[118] 黄河水库考古工作队《1957 年河南陕县发掘简报》，《考古通讯》1958 年第 11 期。

[119] 王世民《陕县后川 2040 号墓的年代问题》，《考古》1959 年第 5 期。

二　晋文化分期研究

20 世纪 50 年代初琉璃阁遗址发掘二十余座春秋战国之际的中、小墓葬，发掘者主要根据各墓陶器组合将其分为早、晚两期[1]，这是对晋文化最早的分期，也是对东周墓葬进行分期的初步尝试，对后来各地东周墓的分期，包括洛阳中周路东周墓的分期产生了一定影响。

20 世纪 60 年代初，在国家文物局支持下，侯马新田遗址开展了当时全国规模最大的考古发掘工作，获得一批丰富资料，揭开了深入认识晋文化的序幕。

运用考古地层学和类型学方法最初对晋文化进行分期研究的是叶学明先生，他主要根据 60 年代初所获得的新资料，结合以往发现，第一次把新田遗址的陶器分为二期四段，并初步推断了各期段的大致年代[2]。

叶先生的分期虽仅限于新田遗址牛村一带的陶器，但在晋文化分期研究中具有开创之功，为探讨和认识更早及更晚的晋文化确定了已知点，找到了演变轨迹。按照叶先生的推断，二期四段晋文化的年代相当于春秋后期至战国中期，亦即晋国最后之都——新田时期。那么，以前的晋文化如何？晋国早期都城又在何处？这自然成为学术界关注的问题。

1979 年秋，在邹衡先生的倡导和主持下，北京大学考古专业与山西省文物工作委员会合作，为探寻早期晋文化和晋都，在翼城、曲沃两县进行了调查和试掘[3]。本次工作的收获是多方面的，其中最重要者有二，一是初步认为天马—曲村遗址有可能就是晋国早期都城故绛。二是第一次对早期晋文化陶器进行了分期，把天马—曲村遗址两周陶器分为八段，年代总跨度从西周早期到春秋战国之际，其中西周时期分为四段。

此后，随着工作的不断开展和材料的逐渐丰富，晋文化分期亦不断完善。比较而言，仍以天马—曲村和侯马新田二遗址的分期最为全面，而且两个遗址的材料基本包括了晋文化从早到晚演变的全过程。前者以西周时期为主，后者以东周时期为主。

天马—曲村遗址工作开展最多，材料最为典型和丰富，分期亦最系统和全面，既有居址，又有墓葬。至于同时期其他遗址，除坊堆—永凝堡遗址材料稍多外，见于报道者多属零星发现。如：翼城凤家坡[4]、苇沟—北寿城[5]、新绛白村[6]、芮城柴村[7]、长子西旺[8]、景义[9]、屯留县北郊[10]遗址等。

天马—曲村遗址西周时期晋文化遗存共分为三期六段[11]。居址与墓葬分期相互对应，这是西周时期考古学文化分期最详细的一处遗址[12]。所谓三期六段是指西周早、中、晚三期，每期又各分早、晚两段。限于篇幅，这里不对所有遗存的期别特征予以介绍（东周部分也如此）。

若总结整个西周时期晋文化之特征，与关东其他诸侯国有所不同，尤其是西周早期晋文化，与丰、镐地区典型的周文化区别甚微，不像关东其他封国，既有周文化因素，又有土著文化和商文化因素。在晋国始封地今晋西南一带，晚商时期的考古学文化遗存极为罕见，被甲骨文学家指定在这一带的晚商方国还没有着落，所谓晚商时期的"唐文化"也还不知道是什么模样。难怪西周早期晋文化难断何谓土著因素。这种现象不容忽视，它似透露出历史的真实，即晚商时期，这一带确实人烟稀少，少到在考古学上难以寻找和认定。至于商文化因素不多的原因，《左传》定公四年所录子渔的话已讲得十分明白，晋国受封的是"怀姓九宗"，而不是"殷民"若干族。

西周中期以来，晋文化与周文化的区别逐渐加大，到东周时期更形成了自己的特征。

东周晋文化遗址以侯马新田工作开展最多，分期亦最为详细，其他工作较多的遗址还有天马—曲村、侯马北坞[13]、闻喜上郭、长治分水岭、万荣庙前、邯郸百家村等。

东周时期的考古学文化分期，各地大都相同，即把春秋和战国各分为早、中、晚三期，各期又分二或三段，晋文化亦然。东周的考古工作各地还有一共同特点，即居址发掘少，墓葬发掘多，晋文化也是如此。居址的分期多见于各发掘报告；墓葬分期除见于各墓地发掘报告外，还有对某地区的综合性分期研究。如张辛先生所著《中原地区东周陶器墓葬研究》就是这方面的代表作[14]。由于这一时期墓葬中大量使用仿铜陶礼器随葬，居址陶器与墓葬陶器的差异明显增大，故居址与墓葬往往分别分期。与西周时期相比，东周三晋文化的个性特征更强了。

注　释

[1] 中国科学院考古研究所《辉县发掘报告》，科学出版社1956年版。
[2] 叶学明《侯马牛村古城南东周遗址出土陶器的分期》，《文物》1962年4、5期。
[3] 北京大学考古专业商周组等《晋豫鄂三省考古调查简报》，《文物》1982年第7期；北京大学历史系考古专业山西实习组，山西省文物工作委员会

《翼城曲沃考古勘察记》,《考古学研究(一)》,文物出版社 1992 年版。

[4] 李发旺《翼城县发现殷周铜器》,《文物》1963 年第 4 期,类似的介绍又见《考古》1963 年第 4 期。

[5] 北京大学历史系考古专业山西实习组、山西省文物工作委员会《翼城曲沃考古勘察记》,《考古学研究(一)》,文物出版社 1992 年版。

[6] 山西省考古研究所《山西新绛县古堆、白村遗址调查》,《文物季刊》1994 年第 2 期。

[7] 戴尊德、刘岱瑜《山西芮城柴村出土的西周铜器》,《考古》1989 年第 10 期。

[8] 山西省文管会《山西长子的殷周文化遗存》,《文物》1959 年第 2 期。

[9] 王进先《山西长子县发现西周铜器》,《文物》1979 年第 9 期。

[10] 王进先《山西屯留县城郊出土西周早期青铜器》,《考古》1982 年第 6 期。

[11] 北京大学考古学系、山西省考古研究所编著《天马—曲村》,科学出版社 1999 年版。

[12] 西周考古学文化被分为 3 期 6 段的遗址还有丰镐和琉璃河二遗址,但均以墓葬为主,居址材料较少。

[13] 山西省考古研究所《侯马北坞古城勘探发掘简报》,《三晋考古》第 1 辑,山西人民出版社 1994 年版。

[14] 张辛《中原地区东周陶器墓葬研究》,科学出版社 2002 年版。

三　重要遗迹的研究

（一）晋国始封地与早期晋都

晋国早期都城的记载颇为复杂，若就文献论文献，要廓清晋都之地实非易事。有些史事早在汉代就已说不清楚，出现歧异了。如叔虞始封之地，班固和郑玄认为在今太原，而与郑玄同时的服虔则认为在汾、浍之间的侯马、曲沃、翼城一带。后世学者在探讨晋都时，多据汉以来文献，其结论的可信程度也就可想而知。问题的解决，当有赖考古材料的发现。上世纪80年代以来，由于天马—曲村遗址大规模考古发掘工作的开展，特别是晋侯墓地的发掘，将晋都问题重新唤起，已有不少学者发表了很好的见解，基本都是围绕天马—曲村遗址是否为晋都，是何晋都展开的。

最初论述这一问题的是邹衡先生，他根据1979年在翼城、曲沃两县进行考古调查的材料，结合以往其他地区的考古发现以及相关文献记载，对晋始封地和相关古城遗址的性质作出了推断，认为"霍山以南，绛山以北，这一方圆约百里左右的范围，很有可能就是晋之始封地"，并认为翼和绛并非一地，翼城县之故城村遗址"有更大的可能就是翼地"，"则天马—曲村作为故绛，可能性似乎更大一些"[1]。稍后，随着天马—曲村遗址发掘工作的开展，他把晋之始封地的范围缩小在"翼城、曲沃二县境内"，认为"天马—曲村遗址应该就是叔虞的封地——唐"[2]。晋侯墓地发现之后，他对已有的认识更加深信不疑，明确指出天马—曲村遗址是"自叔虞封唐，至孝侯徙翼十二侯，又武公代晋至景公迁新田九公，历时共370余年"的晋国早期都城，初称唐，后称绛（故绛），其间曾一度都翼。认为绛和翼并非一地，翼在今翼城县东南之故城村[3]。

李伯谦先生对早期晋都也作了较系统的研究，认为晋侯墓地及整个天马—曲村遗址所处的地理位置、起始年代及其涵盖的年代范围都表明该遗址既不是"唐迁于晋"之晋，也不是"成侯迁曲沃"之曲沃，更不是"穆侯迁绛"之绛，"而只能是西周初年叔虞封唐之唐"，同时，他还根据该遗址从西周早期至春秋早期连续发展的事实进一步推断"在晋献公八年（前668年）'始都绛'以前晋国并未迁都。叔虞封唐之唐，也就是春秋时期屡见于传的晋都翼"[4]。

可以看出，邹、李二先生的看法既有相同之处，又有相异之点。近些年来，针对邹、李的看法有几位先生发表了不同的见解。

田建文先生认为天马—曲村遗址既不是唐，也不是故绛，"因为周之唐（晋）是对于殷商之唐的取代"，该遗址没有发现殷墟时期遗存，故不当为唐。又由于天马—曲村遗址未发现大型夯土（宫殿）建筑，两周文化遗存分布范围不太大，西周早期者更小，而且城址中部不当有大型墓葬。故该遗址为故绛之说"仍可再作商议"，唐和故绛应在他地探寻，其中翼城县苇沟—北寿城遗址可能与故绛有关[5]。

谢尧亭先生据文献提出晋国从始至终至少有三都，最多不过五都，其中公元前745年至前678年（昭侯元年至武公都

晋）晋都为翼；公元前 678 年至前 585 年（武公都晋至景公
迁新田）晋都为故绛。昭侯都翼之前的晋都，都名不详。至
于叔虞之封，应有都城，可能是唐故都。以此为标准，与晋侯
墓的年代相对比，仅有少部分晋侯与翼吻合，大部分更早。因
而认为天马—曲村遗址"非故绛明矣"。目前"还难以将北赵
晋侯墓地为代表的遗址定为某都，但成侯徙曲沃与穆侯徙绛之
说可能是不成立的"[6]。

王立新先生"觉得天马—曲村遗址不是邹衡先生所说的
唐和故绛，也不是李伯谦先生所说的唐和翼，而最有可能是燮
父所徙之处"。主要理由分别是：该遗址未见商代晚期遗存，
故与唐不合；该遗址也未见春秋时城址，故无法满足故绛的条
件。又因该遗址规模大于可能是曲沃故城的闻喜县西南（按：
应为东南）古城，与"（曲沃）邑大于翼"的记载不符，因
此也不会是翼。至于唐、故绛与翼在何处，他分别提出了
推测[7]。

到底如何理解文献中的早期晋都，如何认识天马—曲村等
遗址的性质，论者见仁见智。我以为在探讨这些问题时，有以
下几点需要首先澄清。

1. 对唐的理解。在西汉与先秦文献中，唐乃商代旧称，
是地名，也是方国名或族名。作为地名是指大范围地域而言
的，未必专指都城之名。叔虞封于唐应指唐地，而不是仅一处
都邑。周初不少封国与之相类，如召公封于北燕，周公封于
鲁，康叔封于卫，微子封于宋，等等。燕、鲁、卫、宋均非都
城之名，而是国名或地域之称。当然，无论何者被封于何地，
他都有自己的居处之所，即都城。这些都城之名未必与国名相
同，当另有专名，在文献中有的保留下来，有的则无从查考。

保留下来的如鲁、齐等国，鲁的最初都城名曲阜，齐的最初都城名营丘。都名无从查考者如燕、卫、霍等国，他们最初的都城已不知叫什么名字了。晋国始封时的都城与燕、卫、霍等同类。唐未必是晋国最初都城的专名，不能一提到叔虞所封的唐，就理解为唐一定是叔虞之都。

2. 对燮父以来称晋不称唐的理解。晋为国名，也非都城专名。至于为什么改唐为晋，先秦与西汉文献未提及。自东汉以来始有两种解说，一是燮父因唐地有晋水，故改名称晋，属原地改名，并未迁都。一是燮父由唐迁到晋水旁，因而改称晋。两种说法中后者比前者出现更晚，而且是在把唐理解为都城的前提下的一种说法。虽两种说法出现都不早，然不能轻易否定，只能说两种解说都有可能，但比较而言，以原地更名之说可能性更大。因此，不能一提到燮父以来称晋就理解为燮父一定迁过都，与叔虞之都绝不在一地。

3. 对翼和绛（故绛）的理解。在古本《竹书纪年》、《左传》和《史记》等较早的文献中，晋都一度称为翼，晋侯亦称翼侯。但这些文献都未讲翼是由哪位晋侯（公）始迁或始都。依其内容排比得知，文献中翼作为晋国都城之称，最早是晋昭侯元年（公元前 745 年）[8]。至武公时，"翼侯伐曲沃，大捷，武公请成于翼"（古本《竹书纪年》），翼乃为晋都。依《左传》桓公七年云："冬，曲沃伯诱晋小子侯杀之"，次年（公元前 704 年）春"灭翼"。可知从昭侯元年到小子侯被杀的次年这段时间，晋都为翼，时当春秋早期。在此前后晋都是否称翼，不得而知。

关于绛都（故绛），先秦文献和《史记》也都有记载。《左传》庄公二十六年（公元前 668 年）云："夏，士蒍城绛，以深其宫"。此事亦见于《史记·晋世家》，言晋献公八年"而城聚都之，命曰绛，始都绛"。与《左传》所言稍有出入，但它们都是最早的有关最初绛都的记载。献公以后，晋公都绛的内容在文献中还有一些。此绛为故绛，其作为晋都直到晋景公迁新田（新绛）为止。

文献中又有晋穆侯迁绛之说，此为东汉末郑玄所言，没有更早的记载证明。在郑玄一连串论晋都的言论中，有些明显是错误的，如叔虞之唐在太原，成侯迁曲沃（详后）等。所以穆侯迁绛之说是否可信亦值得斟酌。即使相信郑玄之说，则绛为晋都的起始时间也不能早于西周末年晋穆侯之时，此前晋都之名为何，仍然不明。但这样一来，绛与翼在年代上便重叠或交错了，又引起了两者为同地或异地之分歧。

若依《史记·晋世家》和先秦有关文献的记载，可把晋国都城与表七其可考之年代复原如下表（表七）。

表七

晋君	叔虞至文侯	昭侯至小子侯	缗	武公		献公		景公
公元前	岁在大火｜公元前746	公元前745｜前704	公元前704｜前679？	桓叔 前679	公元前679｜前677 始都	公元前676｜前668	公元前668 始都	公元前585 迁
都名	不明	翼	？	曲沃	晋国	？	绛（故绛）	新田

从表中看出，可以明确的晋都，最早者称为翼，时当春秋早期，此前不明。在翼和故绛之间，晋都在何处，也难确定。

首先是晋侯缗之都。《左传》鲁桓公七年说该年冬武公杀小子侯，鲁桓公八年云："春，灭翼。"《史记·晋世家》说武公杀小子侯而立晋侯缗，缗在位 28 年被灭。既已"灭翼"，则晋侯缗的 28 年不知都于何地。

其次是武公灭晋侯缗之后与献公八年城绛之前的都城。依《史记》所言，武公伐晋侯缗，灭之，以其宝器厚赂周王而被批准为晋君，称晋公并"始都晋国"，说明武公灭晋后未以曲沃为都，但"始都晋国"之都城叫什么，不清楚。献公在位的前七年，都城应与武公"始都晋国"之都城同地。若分析《左传》"士蒍城绛，以深其宫"这句话，似有对绛都扩建之意，也许此前绛都已存在了，郑玄之穆侯迁绛说并非乌有。但这仍不能说明武公"始都晋国"之都就是绛，而且《史记》明确讲是献公始都绛。倘若绛早已存在，那也是嫡系晋国时期的绛，武公是否都之，无法查究。所以，献公八年之前仍有几年时间不知以何地为都。

澄清了以上几个有关早期晋都的问题，下面再分析天马—曲村遗址与晋都的关系。

天马—曲村遗址被邹衡先生最初定为晋都的主要理由是规模大，周代文化遗存丰富。与全国已知周代遗址相比，这些方面都是少见的。晋侯墓地发现后，为这种判断提供了更加有力的证据。

查周代封国的考古材料，大片墓地近旁一般都有居住址，普通村落如此，封国都城亦如此。就西周时期而言，有城垣的封国都城发现两处，一是燕国早期都城琉璃河遗址，除城内有少量零星西周墓葬外，大量的墓葬，包括燕侯的墓葬则在城外东、南近旁[9]；一是鲁国都城曲阜，鲁侯墓虽未发现，但在鲁城内发现至少四片中小墓墓区[10]，相信鲁侯墓也在鲁城附近不远处。春秋时期的情况与西周相似，如虢国和郑国，虢国国君之墓位于其都城（今李家窑古城）城北不远处[11]。郑国国君之墓则位于其都城城内[12]。战国时期也大体如此，不必一一列举。其实，城内及其近旁开设墓地是先秦时期的普遍现象，也是先秦城址的特征之一。天马—曲村遗址范围很大，以往的工作毕竟有限，有无城垣需今后继续探寻。即使没有城垣也不能说不是都城，西周首都丰、镐遗址，晚商首都殷墟遗址都没有城垣发现。

至于大型建筑基址，有迹象表明在天马—曲村遗址是存在的，80年代发掘中就出土过筒瓦，有筒瓦必然还有板瓦，能够使用瓦的建筑当然不是小型建筑，符合"作宫而美"的条件。

那么天马—曲村遗址又是何时之晋都？

晋侯墓地共有九组晋侯夫妇墓，多数学者认为最早一组（M114、M113）是燮父夫妇，最晚一组是文侯夫妇。说明最迟从燮父开始，天马—曲村一带已经是晋都了。上文已指出，燮父改唐为晋，东汉以来有两种说法，可能性大的是原地改名之说，因此，该遗址可能从叔虞时就为晋都了。至于叔虞之墓为何不葬在此处晋侯墓地，或许另葬他处而未发现，或许如齐国最初的几位齐侯那样"反葬于周"。

有学者强调天马—曲村遗址若为叔虞之唐都，则应有商代晚期考古学文化，即有商代"唐文化"才能成立，可该遗址至今未发现商代考古学文化，故不当为叔虞之唐都。对此，上文澄清的第一个问题已论及，西汉及先秦文献中的唐并非一定指叔虞之都名，而是指商代方国——唐，约有方百里的范围。天马—曲村遗址没有商代文化遗存不等于在方百里的唐地没有商代文化遗存。

晋侯墓地止于文侯,其后的晋君不知葬于何处,联系上述文献有关翼和故绛的年代,止于文侯的现象似乎并非偶然:文侯之父穆侯有迁绛之说;文侯之子昭侯之都有称翼之说。看来,穆侯迁绛和昭侯都翼均有可能。倘穆侯迁绛,穆侯及其子文侯归葬先祖旧茔亦符合情理;倘昭侯都翼,另在翼旁卜取新的兆域亦于理可通。数年前,本人曾以穆侯迁绛说对晋侯墓地终止原因作过推测[13],现在看来,这种推测尚不能完全排除。至于昭侯都翼另择新墓地的可能也有,而且可信度更大。

总而言之,若天马—曲村遗址不存在另一处晚于文侯的晋侯墓地,则放宽而言,该遗址作为晋都应始于叔虞或燮父,终于穆侯或文侯,是晋国最早的都城,非绛,也非翼,叫什么名字已无法得知了。称唐或称晋都较勉强。在这放宽的条件下,我更倾向于始于叔虞,终于穆侯的判断。

(二) 晋国城址的特点

西周时期的城址,全国也没有发现几处,可定者有琉璃河燕城;尚在疑是之间者有曲阜鲁城和洛阳成周城。晋国尚未发现。东周时期各国兴起造城运动,城址骤然增多,晋国亦然。但与他国相比,晋国城址有其特殊之处,这一点已引起学术界的关注,即已发现的部分晋国城邑反映了当时的等级制度。

在晋国晚期都城新田—牛村、平望、台神古城附近,发现多座大小不一的城址,其时代与新田城同时。如北坞城,位于新田城东北4公里处;呈王城位于新田城东1.4公里处;马庄城位于新田城东北1.3公里处。这三座城又都由两座小城组成。若将新出城和这三城都按一座计算，则在如此小的范围内共有城四座，这种现象似乎已难用郡县制的行政区划来解释，很可能与不同等级的城邑有关。最初从这方面进行解释的是韩伟先生，他依文献所见周代有"国都、侯伯之城、子男之城等好多等级的城"的记载，认为新田附近几座城"应是这种东西。牛村、台神是一个等级，北坞是一等级，呈王也是一等级"，侯马一带的古城群"是全国唯一的集中了诸侯各等级的一个古城群"，为研究周代礼制提供了新线索[14]。此后，田建文先生据侯马盟书和文献记载，推测呈王、北坞和马庄"三座小城分属赵氏、范氏、中行氏所有"，并以侯马盟书出土地点距呈王古城较近，主盟人是赵简子之说为据，认为呈王古城似为"赵氏之宫"[15]。许宏先生也认为三座小城的"主人当属拥有相当权势的卿大夫一类人物"[16]。

三位先生的论述都有一定道理。在文献记载中，周代城邑的规模是有等级之分的，常被引用的文献是《左传》隐公元年郑大夫祭仲向郑庄公提出忠告的一段话。祭仲的话是有感于公叔段之京邑规模与规定的法度不符而发的，所谓"今京不度，非制也，君将不堪"，其规模肯定是超出了规定的尺度，乃不祥之兆，对郑君很不利。类似的情况在祭仲发表此段言论之前不久确实发生过，国属恰恰是晋国。《史记·晋世家》云："昭侯元年，封文侯弟成师于曲沃。曲沃邑大于翼。翼，晋君都邑也。"司马迁在特别强调了曲沃邑的规模大于晋都规模之后，又引录了当时哲人的一段话："晋之乱其在曲沃矣。末大于本而得民心，不乱何待！"明确指出晋国之乱与"曲沃邑大于翼"这种末大于本的不合规矩的做法有关。晋昭公元年下距鲁隐公元年约二十余年，二十余年后，晋国果真发生了混乱，先是晋大夫潘父弑晋昭侯而迎曲沃桓叔；不久曲沃庄伯弑晋孝侯。公叔段向郑公提忠告之时上距庄伯弑孝侯仅两年时间，公叔段虽没有提及晋国刚刚发生不久的事件，但他应该是清楚的，引以为鉴乃情理中事。郑、晋国情有别，晋国的悲剧没有在郑国上演。

通过这两件有关国都之规模不应该小于其他封邑规模的记载，可以看出城邑之大小是有等级区别的，在当时应普遍存在。

（三）盟誓遗址

盟誓在东周时期非常流行，目前经过考古发掘并得到大家公认的盟誓遗址均属晋国，共有两处，一在山西侯马秦村[17]；一在河南温县武德[18]。两处都出有大量盟书。所谓盟书是指书写在玉、石圭片上的盟辞，文献中又称载书。

盟誓与祭祀活动密切相关，盟书的出土单位及伴存物与东周常见的祭祀坑（坎）遗存完全相同。因此，不出盟书的祭祀坑未必就不是盟誓遗迹，在秦村和武德盟誓遗址中，出盟书与不出盟书的坑穴同处一地就是明证。所谓两处公认的盟誓遗址是就出盟书的祭祀遗址而言的，以下仅述及这两处出盟书的盟誓遗址。

侯马秦村盟誓遗址位于牛村、白店等古城之东约 3 公里之浍河北岸台地上，东距秦村约 500 米。1965 年冬至 1966 年春在这里勘探出一处祭祀场所，共有祭祀坑 400 余座，同时发掘了其中的 326 座。该祭祀场东西长约 70 米，南北宽约 55 米。在发掘的 326 座祭坑中，出有盟书之坑共 40 座，集中分布在整个祭祀场的西北部。另有 3 坑出有卜筮文字，发掘报告未介绍此 3 坑的准确位置，虽然其文字内容有别于另 40 坑的盟书，但因出自同一祭祀场内，或与盟誓有关，以下仍视之为盟书的一部分。

祭祀坑绝大部分是长方形，只有 2 例是椭圆形。长方者多为南北向，方向 350～10 度之间，个别为东西向。这些坑大小不一，深浅有别，一般北端略宽于南端。最大者长 1.6 米，宽 0.6 米；最小者长 0.5 米，宽 0.25 米。深者 6 米以上，浅者不足半米。坑底一般埋有一牲，大坑多为牛、马；小坑多为羊（其中一坑填土中有鸡骨伴出）；也有不埋牲之坑。2 座椭圆形坑较大，但都较浅，均无牲。各类祭牲之数如下表（表八）。

表八

牲别	马	牛	羊	无	合计
数量	19	63	177	67	326
百分比	5.8	19.3	54.3	20.5	

在出盟书和卜筮文字的 43 坑中，埋牲主要是羊，马、牛很少，也有无牲之坑，具体如下表（表九）。

表九

牲别	盟书坑				卜筮	合计
	马	牛	羊	无牲	牛	
数量	1	3	30	6	3	43

遗憾的是，这些祭牲都未鉴别年龄与雌雄。依文献记载，祭祀活动中往往用幼牲，以表"贵诚也"（《礼记·郊特牲》）。前述曲村发掘的战国祭祀坑中之用牲，无论马、牛、

羊，皆用幼牲。侯马盟誓遗址之用牲，估计也为幼牲。

祭坑中除埋牲和盟书外，还埋玉、石器，这些玉、石器多数放在近坑底的小壁龛中，少数放在填土内。在 326 座坑穴中，有 164 座设有小壁龛，约占总坑之半，其中既出盟书又出壁龛之坑共 8 座，所占比例较少。3 座出卜筮文字之坑都有壁龛。

所见玉、石器有璧、环、瑗、璋、圭、璜、玦及残碎玉石料等。坑中之物的放置顺序是先放玉、石器，再放祭牲，后放盟书。至于玉、石器器类与盟辞内容、用牲类别似无固定规律，但以下几种现象较为特殊，可能具有某种用意。

1. 仅见之 2 座椭圆坑（坑 1、坑 3）都较大，也都很浅，无牲。坑底都放有盟书。其中坑 1 除放两堆盟书外，还放有三件排成圆形的玉璜；坑 3 则放有一堆盟书。

2. 有 4 坑（坑 24、坑 38、坑 196、坑 219）壁龛中放置成组璋形器和矢状器，前者在下，分别放 1 件或叠放 2~4 件；后者在上，分别平行摆放 3~4 件。此种现象不见于他坑。这四坑都不出盟书。

3. 3 座出卜筮文字的坑（坑 17、坑 303、坑 340）都有壁龛，都为牛牲。

4. 祭祀场西北部集中出盟书之处，祭坑最为密集，打破现象很多，三坑依次打破者有多组，出盟书之坑也有若干组打破现象，表明在此举行盟誓活动至少有三次。

侯马盟书"连同断、残碎片以及模糊不清或无字迹者在内，共有五千余件"。盟辞字迹多为朱红色；少数为黑墨色。后者限于诅咒和卜筮两类内容。用于书写盟辞的玉、石片完整者以圭形为主，其余多为制作玉、石器的剩余材料。《侯马盟书》发表了656件字迹较清楚的盟书内容。

侯马盟书发表之后，在学术界展开了广泛讨论，除对文字本身的考识之外，最突出、分歧最大的问题是盟书的年代，其次是盟书的分类。关于侯马盟书的年代，到目前为止共有六七种看法[19]，若以主盟人为标准，主要看法是以下二种。

1. 认为主盟人是赵简子（鞅），盟誓之年在公元前495年，此说以《侯马盟书》编著者张颔先生为代表[20]。

2. 认为主盟人是赵桓子（嘉）。此说又小有分歧，细别之有三。一种认为盟誓发生于赵桓子逐赵献子之年，即公元前424年，以唐兰、高明先生为代表[21]；一种虽然也认为是赵桓子逐赵献子之年，但为公元前434年，以冯时先生为代表[22]。另一种认为盟誓发生在赵桓子逐献子以前，即桓子年少之时，以李学勤先生为代表[23]。

这些意见对盟誓绝对年代的判定都很具体，那么何以出现诸多分歧？原因主要在以下两个方面。一是对盟书中部分文字或人名的解释不一；一是对盟书中所记时日的年代推算不一。如对盟辞中“敢不尽从嘉之明（盟）”一句中的“嘉”字的解释，张颔先生认为不是人名，而是对主盟人的美称或尊称。此句在部分盟辞中又作“敢不尽从赵孟之明”等等，参以历史文献及其他盟辞内容，张先生推定此主盟人赵孟唯有简子赵鞅的身份和事迹与之吻合。而另一种看法则认为“嘉”为人名，即赵桓子嘉。因而推定主盟人为赵桓子。又如对盟辞“丕显𡉚公大冢”中的𡉚字，或释为“晋”字，“晋公”为泛称；或释为“出”，即晋出公；或释为“敬”，即古本《竹书纪年》所言之晋敬公；或释为“顷”，即晋顷公。此𡉚公究为何者，涉及盟誓之年的上限，是论证盟誓年代的重要旁证。若为晋顷公，则盟誓之年可以早到晋定公，有利于赵简子主盟之说；若为晋出公或晋敬公，则盟誓之年不早于晋哀公，有利于赵桓子主盟之说。

赵简子至赵桓子的世系及各自的在位时段，文献记载恰恰又不完全一致，如多数文献以桓子为简子之子，襄子之弟。而《世本》却说"襄子子桓子"（《史记·赵世家》《索隐》引），桓子为简子之孙了。虽然如此，简子与桓子的先后顺序是清楚的，各自所处的大致历史年代还是可以估定的。这便成为各家据盟书中的记时内容进一步推求盟誓之年的前提。

盟书中有记时内容者只有一片（坑16:3），云"十又一月甲寅朔（或释肭），乙丑，敢用一元……"（图一○）。于是各家都去查找有关历术年表，分别在赵简子和赵桓子所处的大

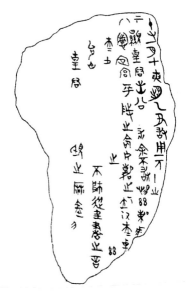

图一○ 侯马盟书摹本（采自《侯马盟书》）

致历史年代中寻找夏正十一月甲寅朔（或朏）的年份。1987年以前，大家所查历术年表主要有王韬《春秋历学三种》、汪曰桢《历代长术辑要》和董作宾《中国年历总谱》等。1987年以后，多数学者改查张培瑜先生《中国先秦史历表》。由于各年表不尽相同，所查结论自然有别。即使以张表为准，在简子至桓子的年代中，只有公元前491年是夏正十一月甲寅朔，与上述各家所论年代均不相符，故各家只好辅以其他解说以确定年代。

此外，坑105出有一些墨书文字，属盟誓中的诅辞一类，其中人名有"中行寅"等。主张赵简子为主盟人的学者认为此"中行寅"即文献中所记赵简子的政敌荀寅；而主张赵桓子为主盟人的学者则认为这类墨书盟辞与其他朱书盟辞有别，两者未必同时。

至于对侯马盟书内容的分类，主要有三种意见。

最初是张颔先生的分类，共分六类[24]：

1. 宗盟类。朱书，又分二小类，一是坑16：3有记时内容一片，张先生以为是宗盟类盟辞的"序篇"，故列为宗盟类一；二是盟辞中列举有被诛讨对象，依被诛讨对象之多寡，分别列为宗盟类二至六（图一一）。

2. 委质类。朱书，讲自盟誓之后，服从新的主君。

3. 纳室类。朱书，讲反对纳室扩大势力。

4. 诅咒类。墨书，对敌方的诅咒，又分两小类，分别为诅咒类一、二。

5. 卜筮类。墨书，与盟誓有关之卜筮内容。

6. 其他。内容无法详知者。

其后是黄盛璋先生的分类[25]，他同意把墨书部分分为"诅

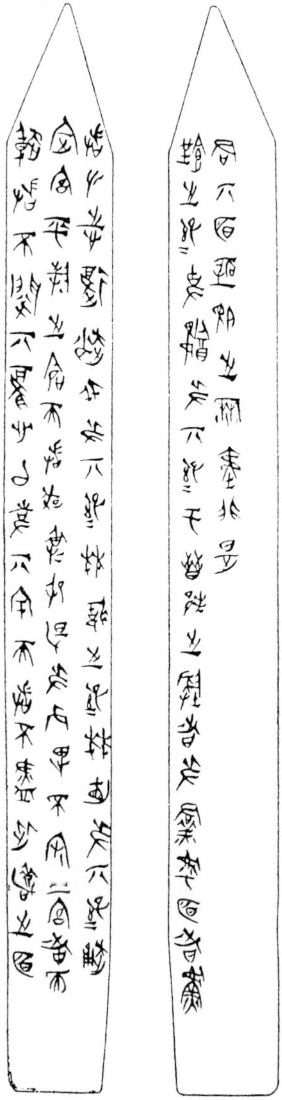

图一一　侯马盟书摹本（采自《侯马盟书》）

咒类"和"卜筮类",但对朱书部分的分类有不同看法,认为张所分宗盟类、委质类和纳室类有诸多相同的盟誓语言,"应属于同一大类,从广义说,皆可称盟书"。不过这部分盟书的内容又不完全相同,盟辞略有区别,因此黄先生又将其细分为四类,大意如下。

盟书甲,即张所分宗盟类二至六,为"从盟"盟书。

盟书乙,即张所分宗盟类一——所谓"序篇",为祷誓,用元牡昭告于晋先君。

盟书丙,即张所分委质类,为"自誓"盟书,以为"自誓"与"从盟"方式不一样,亦非同次。

盟书丁,即张所分纳室类,为盟誓后所作誓词保证,认为此类与甲、乙、丙"三类皆无联系,时间不同,性质亦异"。

在黄先生之后,又有谢尧亭先生的分类[26],谢基本同意黄的分类,唯进一步认为张把宗盟类六和诅咒类二分别单列为一小类没有太多根据,实无必要,宗盟类六应属宗盟类二至宗盟类五的一种;诅咒类二应与诅咒类一合并。谢还认为卜筮类不在盟书之列。

下表是三人分类结论对照(表一〇):

表一〇

张颔	宗盟类一	宗盟类					委质类	纳室类	诅咒类一、二	卜筮类	其他
		二	三	四	五	六					
黄盛璋	盟书乙	盟 书 甲					盟书丙	盟书丁	同上	同上	
谢尧亭	盟书乙	盟 书 甲				无	盟书丙	盟书丁	盟书戊	不属盟书	盟书己
		一	二	三	四						

由表中可以看出，各家分类本质上没有太大区别，张先生的最初分类已经辨析出各类的特殊之处，差异仅在于对各类盟书内容的不同理解。

既然盟书有多种类别，也说明本盟誓遗址举行的盟誓活动不止一次。至于各类别盟誓哪些可同次，哪些不同次举行，已无法详究，但有些还可依其内容和出土单位进行推知。黄盛璋先生据盟书丙与盟书甲内容之别，认为两者盟誓方式不一样，"亦非同次"。然此两类盟书往往在同坑共出，所谓两者非同次进行，只能指同坑两类盟誓之过程有先有后。对此，由于《侯马盟书》田野考古发掘部分介绍太过简单，没有提供盟书甲和盟书丙先后放置方面的信息，已不得而知。由同坑之盟书甲和丙的参盟人未见同名者推测，参盟人可能分为两部分，同坑可以举行两类盟誓，两者同次而不同时。黄先生还指出盟书丁与另三类盟书无联系，也不同时。这是就盟书内容而言，从考古现象分析，这一结论亦有道理。盟书丁集中出于一坑，即坑67。该坑位于盟书区最西端，其方向与临近诸坑都不相同，很像是一次单独盟誓的遗迹。另外，盟书丁的参盟人虽然也见于盟书甲诸坑，如坑16、坑77、坑85、坑92、坑98、坑200等，但这些坑分布无序，看不出与坑67有必然联系。

无论盟书如何分类，凡举行此种活动时，必有盟祭对象，对此，学者亦有探讨。文字研究者多以为是"丕显晋公人冢"；或"以事其宗"之宗[27]；或"不守二宫"之宫；或"皇君之所"等。尤其是把宗、宫、所解释为宗庙的说法在学术界影响较大。受此影响，考古研究者也把此盟誓遗址与其他考古遗迹联系起来，认为此盟誓遗址北面约1公里处的呈王路建筑群是晋国建都新田时期的一处宗庙建筑遗址，特别是其中的13

号地点的一处建筑，周有围墙，南墙正中设门，进门是一宽阔的庭院。庭院正北是主体殿堂，庭院两侧有东、西厢，其布局与被认为是宗庙建筑的秦雍城内马家庄一号建筑颇为相似。故以为此建筑是晋国宗庙的具体所在，它就是盟誓遗址和附近另外几处祭祀遗址的祭祀对象[28]。也有学者不同意此说，认为呈王建筑群距新田古城太远，未必是宗庙。呈王路建筑群与附近几处祭祀场，包括盟誓遗址在内，"正是初期新田郊外的祭祀遗址"，是晋国举行郊祭、望祭一类活动的国有祭祀场[29]。

凡此都属推测，呈王路第 13 地点的建筑虽与雍城马家庄一号相似，但后者在庭院内有大量祭坑，而前者不见；后者在城内，而前者在城外。而且正如江村治树先生所言，呈王路建筑距新田城太远。此外，盟誓遗址距该建筑还有 1000 米左右，也不能说很近，很难说两者有密切关系。至于郊祭与望祭之说，郊祭为祭天，多在南郊举行，而盟誓遗址在新田城之东，似难相合；望祭是祭名山大川，盟誓遗址南临浍河，汾、河、涑、浍为晋之大川，且新田又位于汾浍之交，望祭浍河似有可能，若联系温县盟誓遗址紧临沁水的现象，这种可能似乎更大。然而盟辞中只字未提此二水，此推测亦难论定。

温县武德盟誓遗址位于武德东周古城——州城东墙北端外侧，与东城墙仅隔一道护城河，其北数十米为沁河。此处盟誓遗址发现于 1979 年，1980～1982 年进行了发掘。在发掘的 594 平方米范围内，共清理祭祀坑 124 座，平均不足 5 平方米就有一座，分布相当密集。这些祭坑以长方形为主，个别为椭圆形。有 35 坑以羊为牲；部分坑出有玉器。出盟书的坑共 16 座，其中 8 座单出石圭，5 座单出石简，另 3 座石圭放在石简之上。目前仅发表了一号坑的部分材料。据调查得知，以往所谓"沁阳盟书"即出于本盟誓遗址。

一号坑大部分已被村民挖掉，因而盟书石片多被扰动或散失，考古工作者在原坑清理出 2703 片；经扰动仍散落原地的有 1395 片；从村民手中征集到 490 片，若加上散失无法计算者，估计一号坑原有 5000 片左右，即相当于侯马盟誓遗址所出盟书的总和。据简报所言，温县盟书总共出土万余件。"发掘的一百多个坑，有互相打破的现象"，可见温县武德盟誓之规模不小于侯马，盟誓活动不止举行一次。

一号坑盟书大部分书于石圭上，少数书于石简、石璋上。盟书辞文亦用毛笔书写，均为墨书，未见朱书。

一号坑盟书之盟辞体例、格式颇为一致，即先记时，接下来是参盟人之名及其表述的态度，所谓某某自今以往，忠实地服侍其主君，最后是如果背盟将遭受的报应，即如与乱臣贼子为伍者，将遭到晋国先公神灵的审视，并诛灭其族氏。其他坑所出盟书[30]以及传出本遗址的"沁阳盟书"[31]之盟辞体例亦大致如此，说明本盟誓遗址的盟辞类别可能没有侯马盟书复杂。

温县属南阳之地，这里自晋文公以来基本属晋，而盟书辞句又有多处与侯马盟书相同或相近，如"自今以往"；"丕显壬公大冢"；"遟极视之，麻夷非是"等。甚至文字的写法也完全相同，尤其是表示神灵的"壬公大冢"的"壬公"，两地没有什么区别。因此，学界一致认为温县盟书也属晋系，但属三晋中哪一支，则有分歧。

发掘者郝本性、赵世纲先生认为属韩，主要理由是温县一带自春秋晚期韩宣子居州以来基本为韩氏所有[32]。在坎 6 所出盟书中，有一件明确提到盟誓的主要人物叫韩竣，被打击对象也以韩氏人物为主。经考证，进而认为韩峻即韩简子不信，他是温县盟书的主盟人[33]。另一种意见认为属赵，主要理由是温县盟书与侯马盟书中有不少同名人物，在温县盟书中是参盟人物，而在侯马盟书中是被打击对象，表明二批盟书恰好代表了敌对的双方。这一现象与赵桓子嘉与赵献子浣对立的史事相合，同时认为温县盟书所在地就是赵浣之所，此说以冯时先生为代表[34]。

无论属韩还是属赵，双方还必须找到与盟书所记时日相合的年份。所幸，温县一号坑盟书几乎每件都记有时日，详者为"十五年十二月乙未朔，辛酉"（图一二）；简者仅有"辛酉"日，显属同日进行。由于较侯马记时盟书多出年代，则更有利于判定为哪位晋公。

颇为凑巧的是上述韩简子与赵献子两种看法都找到了与己说相合的年份。

郝、赵二先生最初依董作宾、王韬等人的历术年谱，推知鲁定公十三年正月初一是乙未日，如果前一年年终置闰，换算成夏历则该月为夏年之十二月乙未朔。郝、赵认为鲁定公十三年即晋定公十六年，鲁定公十三年正月恰好是晋定公十五年十二月，如此与盟书的记载正相符合。是年即公元前497年，晋行夏时，为公元前498年12月。后来又据张培瑜先生之年表核对，知鲁定公十二年确有闰十二月，为该说之成立增加了新的依据。

冯时先生在排比部分文献记载之后，认为鲁定公十三年应为晋定公十五年，而非十六年。若前一年闰十二月，则鲁定公十三年正月应为夏历晋定公十四年十二月，与盟书之十五年相差一年，不合。由于冯先生力主侯马盟书和温县盟书分别是赵

图一二　温县盟书摹本

（采自《文物》1983 年第 3 期）

桓子和赵献子盟誓之物，故最初把两者的年代推定在晋幽公十五年的十一月和十二月，相当于公元前425年和前424年。后来据张培瑜先生之年表，分别改为晋哀公十二年和晋哀公十五年，相当于公元前434年和前431年[35]。

如此，温县盟书"十五年十二月乙未朔，辛酉"的时间便存在两种说法，即公元前498年和前431年。两者在张培瑜先生的年表中都找到了依据。依现有材料，孰是孰非，难以裁断。到底何者正确，只能有赖于对更多盟书内容的考察。若六号坑盟书中的韩峻确为韩不信，五号坑盟书中的"赵朝"释读无误[36]，则公元前498年说显然更为可信。

（四）府库与手工业作坊

在考古发掘的建筑基址中，有些形制特殊者，与通常用于居住或礼仪活动的建筑颇不相同。如商代二里岗文化时期，偃师商城有两处排列有序，多达十余座的长条形建筑[37]；东下冯商城则有一群纵横成行，多达四十余座的圆形建筑[38]。在周代晋国的城址发掘中，也有特殊的建筑基址发现，侯马北坞东周古城内F13、F14与F15就属此类[39]。

北坞古城的三座建筑均为长方形，形制大小相同，东西平行并列。每座南北长57.5米，南北宽15.4米，规模宏大。南北两端相对各开一门，内部有南北向柱础两排。据说南门外还有相关附属建筑，三座建筑之外有围墙环绕，构成一个相对独立的院落。发掘者依其形制与结构认为是"大型府库"，似有一定道理。我们发现北坞古城这组特殊建筑的所在位置与上举商代两处特殊建筑的位置颇为一致，即他们都位于城内西南隅[40]。就建筑的形制、布局而言，北坞城与偃师城更加相似：都为南北向长条形；内部都有两排柱础（或二道隔墙）；都为东西排列；其外都有围墙等等。所不同的主要是北坞城所见每座单体建筑规模大，约 880 余平方米，而偃师商城每座单体建筑规模小，约 200 平方米。前者仅三座，数量少；后者十余座，数量多。关于偃师商城这处建筑的性质，学者也较一致的认为属于府库类建筑，虽然他远早于北坞东周古城，但两者的相像程度似乎并非完全属于偶然。

晋国的手工业，与周代他国大致相当，门类主要有铜器、陶器、骨器、石器、漆器及铁器等制造业。

铸铜遗存在周代不少大中型城址中有着不同程度的发现，所见多限于零星的陶范等。但有两处发现相当丰富，引起学术界高度重视。一是洛阳北窑铸铜遗址，属西周时期，为周王室所有。在发掘的两千余平方米范围内出土陶范残块数以万计，其中可辨器形并有花纹者约四五百块。其他还出土数以千计的熔炉残块、大量的鼓风管和骨、铜质制作工具等[41]。另一处就是侯马牛村古城南铸铜遗址，属东周晋都新田时期，当为晋公室所有[42]。比较而言，侯马铸铜遗址发掘规模大，工作开展多，出土陶范的数量远远超过北窑遗址。由陶范可知铸造之器有工具、兵器、空首布、礼器、乐器、车马器、生活用具等，可谓应有尽有。其中仅一个灰坑就出土带钩范一万三千余件，数量多得惊人。此外，还发现有熔炉残块五千余件，鼓风管残块近四千件以及大量的制作工具。相关遗迹有不少地穴与半地穴式"房子"，部分"房子"内部掏挖有窑洞，有的洞底堆放着未经浇铸使用的陶范，这些"房子"应是阴干陶范的场所。同地还发现一座烘范窑。

有关侯马铸铜遗址的主要发现，前文已有简要介绍，详情可见《侯马铸铜遗址》考古发掘报告。这些发现为探讨东周时期的青铜铸造技术提供了极佳的资料，对此，有学者进行了深入的探讨[43]。以下就相关问题补充若干意见。

首先是如何确定该铸铜作坊的所有者。发掘报告的作者持慎重态度，提出几种可能留待"新的发现和进一步的研究来确定"。若从所在地点和所属年代分析，最大可能应属晋国公室所有。目前学术界普遍认为牛村、平望、台神三座比连的古城即晋都新田，而铸铜作坊就位于牛村古城南墙外约300～500米处，而且作坊的使用时间又恰好属晋都新田时期，显然作坊的主人应该是古城的主人。当然，晋迁都新田之后不久，便逐渐走向衰落，出现"晋公室卑，政在侈家"（《左传》襄公三十一年）的局面，尽管诸卿势力强大，也许在一定程度上控制了铸铜作坊的生产，但晋公作为晋国之君主，尤其在公元前403年之前，三家还是承认的。新田铸铜作坊的所有者应属晋国公室。

除上述推测之外，还可用该作坊的产品来说明。

在出土众多的陶范、陶模中，礼乐器精美而突出（图一三），尤其是编钟之模和范，若据之复原所铸编钟，有多件的体量和规格超过现知所有编钟，对此有学者进行过专门研究[44]。这几件钟模是ⅡT81H126：17、18、19，都为钟舞之模。其中最大一件（H126：19）舞模复原后，舞修为79厘米，舞广为69厘米。此件钟模属于纽钟（镈类）还是甬钟，不得而知。现知最大的实物纽钟和甬钟出自曾侯乙墓，时代属战国早期。即与侯马铸铜作坊遗址年代相当。曾侯乙墓最大一件镈钟（属纽钟，下2、6）之舞修为52.8厘米，舞广为39.8

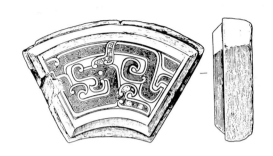

图一三 侯马新田遗址出土陶范（采自《侯马陶范艺术》）

厘米；最大一件甬钟（下1、1）之舞修58.9厘米，舞广为43厘米。都比侯马最大一件小很多。如果把侯马这件钟模按照晋国同时的纽钟和甬钟复原，若此钟为纽钟则通高为138.4厘米，若此钟为甬钟则通高2米有余。分别比曾侯乙墓最大的镈钟（通高92.5厘米）和最大的甬钟（通高152.3厘米）高出半米左右。太原金胜村 M251 号大墓被大家推定为赵简子或赵襄子之墓，该墓也出有编钟，属镈钟，其最大一件通高仅46.5厘米（实际所用未必此件为最大者），比较之下，更显得相形见绌了。据此可知，侯马铸铜作坊只能归晋君所有。

其次是铸器的目的。由陶范出土地点和单位得知，此铸铜作坊内部分工比较明确。Ⅱ号遗址"陶范的种类多属鼎、壶、鉴等礼器和编钟，另有少量车马器、兵器和带钩、镜等用具"；Ⅻ号遗址"出土陶范以工具范为主"，其中有一坑"出土一万余块带钩范和数百块车軎范"；LIV号遗址出土"空首布芯10万个以上"。青铜礼乐器的铸造目的应是供晋公室享用，至于其他数以千计或数以万计的器物，如工具、带钩等，似具商品性质，可能多数用于交换。大量空首布的铸造，也表明商业已相当发达。

再次是关于铜器原料的来源问题。谈到周王朝铜料之来源，学者多依文献和金文记载，认为主要是通过各种方式或手段取之于长江流域。就周王室来说，这种看法是可信的，至少相当一部分铜料可作如是解。但对于诸侯国，特别像晋、燕这类偏于一隅，且距长江流域甚远的诸侯国，其铜料也多来自南方便很难说得通。考古发现表明，晋国在西周时期就已铸造铜器，天马—曲村遗址就出土过西周陶范；晋侯墓地亦出土大量晋国铸造的青铜器。东周时期，晋国铸铜遗址也不限于牛村古城南一处，在北坞古城内，呈王古城附近等地也有发现。表明晋国铜器铸造业比较发达，也比较普遍。公室有作坊，卿大夫们也有作坊，其铜料不可能都来自南方，或来自周王的赏赐（赐金），很可能主要来自晋地铜矿，特别是中条山铜矿。

中条山矿产丰富，铜矿是其中之一，现今仍在开采，是黄河流域少有的大型铜矿。遗憾的是这里的考古工作一直未开展，仅有个别学者进行过初步调查[45]。据对古矿洞木支护样品的年代测定，调查者认为"中条山铜矿的开发历史至少前推到了战国晚期"。这仅是对一处古矿井木支护的测定，该处矿井未必是最早的一处，实际上也许在更早的时候就开采了。

查夏、商、周三代范围内已知重要铸铜遗址的分布，夏代有二里头遗址，东下冯遗址；商代有郑州商城、安阳殷墟，偃师商城也有铸铜遗存发现；周代有丰镐、洛阳、曲村、侯马等遗址。这些地点多半是都城遗址，他们全部分布在中条山周围不远处。中条山古铜矿的考古学研究确实值得高度重视。

与铸铜业关系密切的手工业还有冶铁业。

中国古代人工冶铁起源于何时尚属探讨中的问题，现知经加工使用的最早的铁为陨铁，属商代，共有两件器物，都是铁刃铜钺。一是河北藁城台西之铜钺；一是北京平谷刘家河之铜钺。值得注意的是在山西灵石旌介也出土一件铁刃铜钺[46]，时代属商末周初，比前两件稍晚，但也是现知人工使用的最早铁器之一。灵石铁刃铜钺是陨铁还是人工冶铁，有待进一步鉴定。无论如何，它与前两器在器类（都是钺）与铁质存在部位（都在刃部）方面的完全相同却表明都是有意而为，即当时的人们已认识到了铁与铜的区别，认识到了铁的优越性。倘若灵石一件铁刃铜钺为本地产品，那说明晋地是最早认识和使用铁的地区之一。周代的考古发现及有关文献记载也证明这种情况是完全可能的。

在 20 世纪 80 年代天马—曲村遗址的发掘中，曾获得数件铁器残段，时代分别属春秋早、中期[47]。经科学鉴定，春秋中期一件是"迄今为止中国最早的铸铁器残片"[48]，比以往所定最早的铸铁——江苏六合所出之铁早了约 100 年。可见晋国的冶铁技术确实发生较早，或与灵石的发现有内在联系。

在文献记载中，冶铁业在春秋时期已比较发达，尤其是齐、秦、晋和吴越诸国[49]，晋国恰恰又是其中之一。这些记载常被学者引录，有关晋国的冶铁记载如《左传》昭公二十九年记云："晋赵鞅、荀寅帅师城汝滨，遂赋晋国一鼓铁，以铸刑鼎，著范宣子所为刑书焉。"赵鞅、荀寅时当春秋末年，若结合天马—曲村遗址春秋铁器的发现，春秋晚期以铁铸鼎似无问题。正因如此，到战国时期，三晋的铁器仍著称于世。按照《史记·货殖列传》的说法，赵国都城邯郸有一靠冶铁发家的富豪，名叫郭纵，其财产之巨可"与王者埒富"。赵亡之后，有的赵人迁到他地，仍可"用铁冶富"[50]。赵国冶铁业之发达程度由此可见。魏国也有类似情况。汉代宛地冶铁业发达，其起始也是由于"秦伐魏，迁孔氏南阳，大鼓铸"，"用铁冶为业"之故。

战国时期的考古发现证明，三晋的冶铁业确实非常发达，在各国都城及其他城邑中都有冶铁遗存发现。如赵都邯郸已发现两处战国冶铁遗址[51]，只因工作开展较少，未有多的遗物出土，随着考古工作的开展，相信会有很多发现，也许这些作坊与郭纵有关。在石家庄市附近一处一般的赵国遗址中，曾出土一批铁器，计有镢、削、铁条等[52]，其中农具占65%，可为赵国铸造大量铁器的证据。

在魏都安邑也发现有冶铁作坊，仅调查所见，有一地点的地层中"夹杂有许多铁渣和含铁质的琉璃烧结物等"，并发现生产工具范多种，计有锛、斧、镢、锄、刀范及各种模与范芯[53]。

在新郑郑韩故城东城西南部，今仓城村村南发现一处战国时期韩国的冶铁作坊，不仅出土大量铸造铁器的各种陶范与范芯，还出土有大量铁器，同时还发掘出一座熔炉和一座烘范窑。由陶范可知所铸之器有镢、锄、铲、镰、锛、凿、削、刀、剑、戟、带钩等，其中以生产工具镢、锄数量最多。在发现的铁器成品中也是以镬、锄最多。发掘者认为"这里是以铸造生产工具特别是农具为主的铸铁作坊遗址"[54]，是很有道理的。在这处冶铁作坊之北约 500 米处的今小高庄也发现有很多铸造铁器的陶范、陶模和熔炉残件。另在故城东城东部今大吴楼村铸铜作坊中也出土不少铁器和熔炉残块，后两处还都出土了大量钱币范[55]，说明在战国中晚期，有些冶铸作坊可能兼铸铜器和铁器。

在韩国的重要城邑阳城近郊发掘一处三晋遗址中现知产品最丰富的冶铁作坊，时代从战国一直到汉[56]。出土有熔炉、烘范窑、脱碳炉、鼓风管、陶模、陶范及铁器成品和铸成的备件铁材。由陶范和陶模可知所铸之器有镬、锄、镰、锛、斧、臿、凿、削、刀、剑、戈、匕首、带钩、环和条材、板材。这些陶范和陶模多为一套一器，也有的一套二器。条材范与模则多为一套 3 或 4 件，带钩范甚至一套两排 20 器，且两套叠铸，一次可铸 40 件。所出成品铁器类别与陶范相符。经对铁器和铁材的科学检测，其中不少是脱碳铸铁。尤其是各种规格条材和板材备件的铸造，表明当时锻造技术已很发达，人们可以利用这些备件再加工成所需要的器物。无论是范、模，还是成品铁器，所铸器物都以工具为主，其中数量最多的是镬和锄。仅在发现的 1158 块残铁器中镬、锄和板材就占 90% 以上。

总括三晋战国冶铁作坊的发现，可知冶铁业确已相当普遍。各作坊的产品有一明显的共同特征，就是都以铸造各种工具为主，尤其以农业生产工具中的镬、锄和镰最为突出，其次是手工工具等。显然，这些器物的使用者都是普通民众和手工业者，而不是各级贵族，它的生产自然具有商品意义。这些作坊有官营，也可能有私营，郭纵也许就是私营作坊的老板，他所铸造的铁器大概也是以各种工具为主，因为这些产品有着广泛的社会需求。

其他手工业应该一提的是属于石器制造业中的石圭作坊，见于侯马新田遗址，前文已有介绍。这是全国迄今发现的唯一一处石圭作坊。

该作坊的石圭多为泥质板岩，黑灰色。形态为圭，但或窄或宽，或长或短，制作亦有粗有精，并不规范。与此作坊产品相同的石圭在晋文化多种遗存中发现，如墓葬、祭祀坑、居址等，时代均属东周时期，与石圭作坊的年代相符。不过这种石圭并非东周各国都流行，主要见于晋、秦两国。因此，它是东周时期晋、秦两国的特殊器物，其生产作坊在晋都新田发现也就不奇怪了。在温县所出书于此种石圭上的盟辞中往往句首写有"圭命"（图一四）或"圭命曰""圭命之言曰"等，可知此种器物之名确实叫"圭"[57]。

在文献记载中，圭是周代的重要礼器，只有身份很高的人才可执圭[58]，且圭之大小与名称依身份高低而有所不同。然侯马石圭作坊制作的石圭，由其出土单位、存在方式及形态特征看，不属表身份、别等级的礼器用圭，似有其他寓意。此种石圭在晋文化中，普遍见于东周时期各类墓葬，其中包括小型墓在内，而且从春秋中期开始，往往成堆放置，看不出任何等级的痕迹。在天马—曲村遗址发掘的一座小型房子的墙基部，有规律地摆放着几件石圭[59]，应与建房过程的某种仪节有关。至于祭坑中或作为盟书载体的石圭，则更赋予了神秘的含义，"圭命曰"就是直接证据。

晋国其他手工业中的陶器、石器、漆器等，并无特殊之处，不再论述。

图一四 温县盟书摹本（采自《文物》1983 年第 3 期）

注　释

[1] 北京大学考古专业商周组等《晋豫鄂三省考古调查简报》，《文物》1982 年第 7 期；北京大学历史系考古专业山西实习组、山西省文物工作委员会《翼城曲沃考古勘察记》，《考古学研究（一）》，文物出版社 1992 年版。

[2] 邹衡《晋始封地考略》，《尽心集——张政烺先生八十庆寿论文集》，中国社会科学出版社 1996 年版。

[3] 邹衡《论早期晋都》，《文物》1994 年第 1 期。

[4] 李伯谦《天马—曲村遗址发掘与晋国始封地的推定》，《中国青铜文化结构体系研究》，科学出版社 1998 年版。又见李伯谦《晋国始封地考略》，《中国文物报》1993 年 12 月 12 日第 3 版。

[5] 田建文《晋国早期都邑探索》，《三晋考古》第 1 辑，山西人民出版社 1994 年版。

[6] 谢尧亭《北赵晋侯墓地初识》，《文物季刊》1998 年第 3 期。

[7] 王立新《关于天马—曲村遗址性质的几个问题》，《中原文物》2003 年第 1 期。

[8]《史记·晋世家》。

[9] 北京市文物研究所《琉璃河西周燕国墓地》，文物出版社 1995 年版；中国社会科学院考古研究所、北京市文物研究所琉璃河考古队《北京琉璃河 1193 号大墓发掘简报》，《考古》1990 年第 1 期。

[10] 山东省文物考古研究所等《曲阜鲁国故城》，齐鲁书社 1982 年版。

[11] 中国科学院考古研究所编著《上村岭虢国墓地》，科学出版社 1959 年版；河南省文物考古研究所、三门峡市文物工作队《三门峡虢国墓》第 1 卷，文物出版社 1999 年版。

[12] 1923 年在新郑李家楼发现的郑公大墓即位于郑韩故城西城内，近年又有大墓发现于东城内。见马俊才、衡云花《郑国君王的车马奇观》，《文物天地》2002 年第 2 期。

[13] 北京大学考古系、山西省考古研究所《天马—曲村遗址晋侯墓地及相关问题》，《三晋考古》第 1 辑，山西人民出版社 1994 年版。

[14] 韩伟《在晋文化研究会上的发言》，山西省考古研究所编《晋文化研究座谈会纪要》，1985 年。

[15] 田建文《"新田模式"——侯马晋国都城遗址研究》，山西省考古学会、山西省考古研究所编《山西省考古学会论文集（二）》，山西人民出版社 1994 年版。

[16] 许宏《先秦城市考古学研究》第88页，北京燕山出版社2000年版。

[17] 山西省文物工作委员会《侯马盟书》，文物出版社1976年版；张颔《张颔学术文集》，中华书局1995年版；陶正刚、王克林《侯马东周盟誓遗址》，《文物》1972年第4期。

[18] 河南省文物研究所《河南温县东周盟誓遗址一号坎发掘简报》，《文物》1983年第3期。

[19] 公元前386年赵敬候章时盟书，见郭沫若《侯马盟书试探》，《文物》1966年第2期；晋定公以后，见陶正刚、王克林《侯马东周盟誓遗址》，《文物》1972年第4期，及张颔最初看法（《侯马东周遗址发现晋国朱书文字》，《文物》1966年第2期）；公元前424年赵桓子嘉时，见唐兰《侯马出土晋国赵嘉之盟载书新释》，《文物》1972年第8期，高明《侯马载书盟主考》，《古文字研究》第1辑，中华书局1979年版；公元前585～前581年，晋景公时，见李裕民《我对侯马盟书的看法》，《考古》1973年第3期；公元前425年赵桓子嘉时，见冯时《侯马盟书与温县盟书》，《考古与文物》1987年第2期；公元前495年赵简子时，见《侯马盟书》与《张颔学术文集》，不少人从此说；赵桓子年少之时，在公元前424年桓子逐献侯以前，见李学勤《侯马、温县盟书历朔的再考察》，收入《夏商周年代学札记》，辽宁大学出版社1999年版；公元前497年晋定公与赵鞅盟于公宫之后，又与赵鞅的一族等举行的盟誓，见江村治树《侯马古城群和盟誓遗址的关系》，《汾河湾》，山西高校联合出版社1996年版；公元前434年，赵桓子嘉时，见冯时《侯马、温县盟书年代考》，《考古》2002年第8期。

[20] 山西省文物工作委员会《侯马盟书》，文物出版社1976年版。

[21] 唐兰《侯马出土晋国赵嘉之盟载书新释》，《文物》1972年第8期。

[22] 冯时《侯马、温县盟书年代考》，《考古》2002年第8期。

[23] 李学勤《侯马、温县盟书历朔的再考察》，《夏商周年代学札记》，辽宁大学出版社1999年版。

[24] 同［20］。

[25] 黄盛璋《关于侯马盟书的主要问题》，《中原文物》1981年第2期。

[26] 谢尧亭《侯马盟书试析》，《山西省考古学会论文集（二）》，山西人民出版社1994年。

[27] "以事其宗"之"宗"，有释为"主"，见［25］。

[28] 山西省考古研究所侯马工作站《侯马呈王路建筑群遗址发掘简报》，《考古》1987年第12期。

[29] 江村治树《侯马古城群和盟誓遗址的关系》,《汾河湾》,山西高校联合出版社 1996 年版。

[30] 赵世纲、罗桃香《论温县盟书与侯马盟书的年代及其相互关系》,《汾河湾》,山西高校联合出版社 1996 年版。

[31] 陈梦家《东周盟誓与出土载书》,《考古》1966 年第 5 期；张颔《侯马盟书丛考续》,《古文字研究》第 1 辑,中华书局 1979 年版。

[32] 同〔18〕。

[33] 同〔30〕。

[34] 冯时《侯马盟书与温县盟书》,《考古与文物》1987 年第 2 期。

[35] 同〔22〕。

[36] 同〔30〕。

[37] 中国社会科学院考古研究所河南第二工作队《偃师商城第Ⅱ号建筑群遗址发掘简报》,《考古》1995 年第 11 期。

[38] 中国社会科学院考古研究所等《夏县东下冯》第 150 页,文物出版社 1988 年版。

[39] 山西考古研究所《侯马北坞古城勘探发掘简报》,《三晋考古》第 1 辑,山西人民出版社 1994 年版。

[40] 偃师商城同类建筑共发现两处,其中一处位于城内西南隅。

[41] 洛阳市文物工作队《1975～1979 年洛阳北窑西周铸铜遗址的发掘》,《考古》1983 年第 5 期；叶万松《我国西周前期青铜铸造工艺之研究》,《考古》1984 年第 7 期。

[42] 山西省考古研究所《侯马铸铜遗址》,文物出版社 1993 年；山西省考古研究所侯马工作站《1992 年侯马铸铜遗址发掘简报》,《文物》1995 年第 2 期。

[43] 谭德睿《侯马东周陶范的材料及其处理技术的研究》,《考古》1986 年第 4 期；廉海萍《侯马铸铜遗址青铜器浇铸系统研究》,《汾河湾》山西高校联合出版社 1996 年版；谭德睿、黄龙《侯马陶范的科学研究》,《汾河湾》,山西高校联合出版社 1996 年版；山西省考古研究所《侯马陶范艺术》,〔美国〕普林斯顿大学出版社,1996 年版。

[44] 乔淑芝《侯马钟范的联想》,《山西省博物馆八十年》,山西人民出版社 1999 年版。

[45] 李延祥《中条山古铜矿冶遗址初步考察研究》,《文物季刊》1993 年第 2 期。

［46］ 戴尊德《山西灵石县旌介村商代墓和青铜器》，《文物资料丛刊》第 3 辑，
文物出版社 1980 年版。

［47］ 北京大学考古系、山西省考古研究所《天马—曲村》附录六，科学出版社
1999 年版。

［48］ 韩汝玢《中国早期铁器（公元前 5 世纪以前）的金相学研究》，《文物》
1998 年第 2 期。

［49］ 《国语·齐语》记齐国"美金以铸剑戟，试诸狗马；恶金以铸钼、夷、斤、
斸，试诸壤土"，有学者解"恶金"为铁，"美金"为铜；《诗·秦风》"驷
驖孔阜，六辔在手"，有学者认为"驷驖"指驾车的马似铁的颜色；《吴越
春秋·阖闾内传》"干将作剑，采五山之铁精"。

［50］ 《史记·货殖列传》。

［51］ 邯郸市文物保管所《河北邯郸市区古遗址调查简报》，《考古》1980 年第 2
期。

［52］ 河北省文物管理委员会《河北石家庄市市庄村战国遗址的发掘》，《考古学
报》1957 年第 1 期。

［53］ 张童心、黄永久《夏县禹王城庙后辛庄战国手工业作坊遗址调查简报》，
《文物季刊》1993 年第 2 期。

［54］ 河南省博物馆新郑工作站、新郑县文化馆《河南新郑郑韩故城的钻探和试
掘》，《文物资料丛刊》第 3 辑，文物出版社 1980 年版。

［55］ 河南省文物考古研究所《河南新郑新发现的战国钱范》，《华夏考古》1994
年第 4 期。

［56］ 河南省文物研究所、中国历史博物馆考古部《登封王城岗与阳城》，文物出
版社 1992 年版。

［57］ 河南省文物研究所《河南温县东周盟誓遗址一号坎发掘简报》，《文物》
1983 年第 3 期。

［58］ 见《周礼·春官》有关部分。

［59］ 同［47］，第 161 页。

四

墓葬的研究

经过科学发掘的周代各国墓葬，晋国的资料最为系统和全面，主要表现在以下四个方面。一是数量多，仅天马—曲村遗址、侯马遗址及其附近就发掘三千余座，其中发表资料的有二千余座。二是保存好，多数未遭历史盗扰，资料丰富。三是时代长，从西周初到战国末，各时期都有。四是等级全，从晋侯到庶民包括各种级别的墓葬。与其他各诸侯国相比，没有任何一国发掘的墓葬同时具备这四个条件。有的发掘数量多，如楚墓，可能总数多于晋，但缺少西周时期墓葬。有的保存较好，如宝鸡强伯墓和上村岭虢国墓。前者不仅数量少，而且等级单一，时代限于西周前期；后者多属春秋早期，时代也不长。至于燕、卫、邢、秦诸国，虽发掘有诸侯大墓，但保存极差。

不过在研究方面，对晋墓的研究远比不上对楚墓和秦墓的研究，其原因主要是由于大量晋国墓葬的资料发表于 20 世纪 90 年代，刚刚引起学术界的关注，系统的研究尚处于起步阶段，代表作是宋玲平的博士学位论文《晋系墓葬制度研究》。其他研究多属某一方面，其中尤以晋侯墓的研究最为突出。以下先介绍晋侯墓的研究概况，然后总结和探讨晋系墓相关问题。

（一）晋侯墓的研究

对晋侯墓的研究主要有以下几个方面。

1. 墓地性质

确定墓地性质首先要回答的问题是墓主为何等人物，对此存在两种意见。绝大多数学者认为是晋侯墓地，仅个别学者认为不是晋侯墓地，而是晋国大夫一级的墓地。

视之为晋侯墓地的看法在第一次发掘报告，即 M1、M2 的发掘报告中就委婉地提出来了[1]。M1、M2 被盗惨重，发掘者排比了同时期各诸侯级墓葬的规模，觉得 M1、M2 与之相当，同时又据葬品中有石磬，墓室内有积炭这种只有高级贵族才能具有的特点，认为"墓主应该是晋国诸侯一级的贵族"。何谓"晋国诸侯"？实际就是"晋侯"之意，只因墓内未找到更直接的证明是晋侯墓的依据，故未敢明确称之为晋侯墓。

就在发掘者编写发掘报告得出这一结论时，获悉上海博物馆从香港购回一批有晋侯及其名字铭文的青铜器，其中有鼎、盨等。发掘者觉得这些晋侯铜器很可能出自天马—曲村这处被盗的墓葬中，而且有的可能出自 M1 和 M2。当时推测的依据是，在文献记载中晋国国君在西周时称晋侯，到春秋早期武公时才始称晋公（叔虞除外）。M1 和 M2 属西周晚期，与上博铜器在时代上不矛盾。另外，按照以往的认识，青铜盨出现于西周中期晚段（后来发掘的晋侯夫人墓——M13 所出一件更早），流行于西周晚期，以后便很快消失，这也与 M1 和 M2 的时代非常接近。最后一点，也是最令人寄希望的一点就是 M1 和 M2 都出有青铜容器残块。M1 出的一块（原报告图十五）一面有花纹，另一面有铭文。残块的形状不明为何器，但属容器无疑。M2 出土一件器组（原报告图四二：4），很像器盖上之纽。基于这些推测，发掘者急欲了解上博晋侯铜器的详情，以判断其是否出自天马—曲村 M1 和 M2 大墓，从而进一步明确墓主人的身份。这不仅有益于确定墓地性质，同时也有益于对上博铜器的研究。上博铜器倘真出自 M1、M2，就等于这些不知来自何地的器物找到了出土单位，其学术意义和价值就会大不相同。发掘者怀着急切和美好的愿望，将 M1、M2 铜器残件及其他部分器物的线图、拓本和文字说明寄给上博一位熟识的朋友，并表示若这些残件能与上博铜器对合，愿意协助说服山西省有关部门，把残件赠上博使之破镜重圆。遗憾的是，直到 1992 年底发掘报告定稿时一直未见回应。报告中也只好用"晋国诸侯一级的贵族"这种饶舌的语言表述。M1、M2 发掘报告发表之后不久，李伯谦先生在日本见到晋侯对盨和盘各一件，其中盨的花纹与 M1 所出有铭残片相似，认为其"有可能是由 M1、M2 组墓中盗出"[2]。马承源和周亚先生也注意到 M1、M2 残件与上博购到的铜盨相同，他们分别明确指出，"M2 出土器物图四二之 4 铜盖钮，其形式和（上博）晋侯对盨的盖钮完全相同，上海博物馆三盨中，有一盨盖钮不全，所发掘残件当是此盨的劫余物"[3]。"一号墓中出土有一块青铜容器残片，其残存纹饰及铭文与这件晋侯对盨（指与 M2 不同者）的盖顶纹饰和铭文的中段相同。马老师（指马承源先生）在香港坊间曾看到一件相同的晋侯对盨，其铭文已基本损坏。因此则一号墓中的残铜片应为此盨的劫余之物，那么我馆的这件晋侯对盨也无疑应出自一号墓"[4]。至此，发掘者当初的推测得以证实。然仍留有缺憾，一则上博缺钮之盨已经修复，M2 所出该盨之钮静卧山西库房，两者破镜难圆。二则马先生在香港所见铭文残损之盨下落不明，与 M1 之残片更是重圆无望。

1992 年下半年，经过第二次发掘，已可断定天马—曲村

这处大型墓墓地为晋侯墓地，该次发掘简报的标题就直言为
"晋侯墓地"了。此后得学术界对此普遍认同。

对"晋侯墓地"之说持否定意见者极少，似只有俄罗斯
学者刘克甫先生。他先后发表两篇论文，主要通过对文献记载
与考古资料的比较，认为"晋侯墓地"之说存在诸多不能自
圆其说之处，"如果从资料真实内涵出发，认清北赵晋国墓地
非晋侯墓而为晋国大夫一级贵族静谧之处，一切矛盾即可迎刃
而解"[5]。

即使按照刘先生的意见，此处墓地仍然是晋国高级贵族们
的墓地，与西周常见的包括各种等级成员在内的墓地有很大不
同，这就涉及墓地性质的第二个问题，即有关"公墓"与
"邦墓"的讨论。

晋侯墓地经过发掘之后，发现墓主人身份比较单一，即只
有晋侯夫妇及其陪葬墓，这与曲村附近发现的同时期墓葬判然
有别。曲村附近发掘的西周墓近千座，都属中小型墓葬，未见
一座带墓道的大墓。两相比较，这些中小墓的墓地与晋侯夫妇
墓的墓地显然分属两类，二者各有各的兆域，互不相混。这种
现象在同一遗址同时并存，很容易让人联想到《周礼》中关
于周代"公墓"与"邦墓"两类墓地的区分。1994 年，刘
绪、罗新先生首先就这一问题发表了看法。他们依《周礼》
记载，指出周代实行族葬制，即同族的人葬在同一墓地。这种
族葬墓分为两类，一类为"公墓"，由冢人掌管，可葬国王、
诸侯、卿大夫等高级贵族；另一类为"邦墓"，由墓大夫掌
管，可葬公墓之外其他身份的国人。"天马—曲村遗址周代墓
葬的材料与《周礼》的记载对比，二者有相符之处。《周礼》
把族葬墓分为两类，天马—曲村遗址的周代墓也分为两类。显

然，晋侯墓地就是《周礼》所言的'公墓'，即晋国公墓区。
曲村附近的中小墓为晋国邦墓区。至于公墓区所包括的成员，
《周礼》所言包括了几个等级的贵族，而依晋侯墓地得知，在
晋国公墓区内只葬晋侯及其夫人，其他贵族是不得入葬的。
《周礼》的记载不完全符合史实，至少与西周时期晋国史实不
完全相符"[6]。这种对比显然是粗略的，而且是仅就天马—曲
村遗址两类周代墓地而言。《周礼》所言"公墓"与"邦
墓"，严格地说"公墓"包括周王至士各级贵族；而"邦墓"
仅限于"国民"。若依此为标准去判断天马—曲村两类墓，不
仅晋侯墓地不能称为"公墓"，曲村附近的墓地也不能称为
"邦墓"，因为曲村附近的墓葬有不少随葬有青铜礼器，附葬
有车马坑，有的甚至为三鼎墓，等级与晋侯夫人相当。其身份
高者可能为晋国卿大夫类人物，低者也当为士。因此，刘、罗
二先生把天马—曲村遗址两类墓地分别称为"公墓"与"邦
墓"，仅是借用了《周礼》的称谓，强调两处墓地之区别与
《周礼》两种墓地分法相似，并非认定这两处墓地就是《周
礼》所言之"公墓"与"邦墓"。查周代墓葬资料，实际情况
要比《周礼》所记复杂得多，即使周王陵墓地也未必与《周
礼》所言完全相同。

秋山进午先生认为"公墓"与"邦墓"之制，是战国及
其以后的制度，西周还未形成[7]。

2. 墓位排序

墓位排序有如考古学文化编年，是考古学研究的基础，对
于晋侯墓来说，其如何排列还是探讨埋葬制度的一个重要
方面。

第一次发掘时，虽然只有 M1、M2 两座夫妇异穴合葬墓，

乍看似乎没有序列可言，实际上我们在发掘时已考虑到二墓在
埋葬时间上的相互关系。是同时埋葬？还是异时埋葬？若为前
者，属于"从死"；若为后者，就应排比孰先孰后。因二墓均
惨遭盗掘，依劫余之物难分早晚。当时认为两种可能都有，即
使有先后之别，埋葬时间也不会相差太远。

从第二次发掘开始，排序被正式提出，因两次共发掘晋侯
夫妇墓4组7座，各组墓之早晚序列必须予以考虑。发掘者依
随葬品特征将其排序如下：M9、M13——M6、M7——M1、
M2——M8，并进一步推断墓地的使用时间"应从西周早期偏
晚阶段开始，一直延续到春秋早期"[8]。

到1993年底，第四次发掘结束之后，已发掘晋侯夫妇墓6
组12座，资料愈加丰富。我们把排序的依据由随葬品中的陶
器、铜器扩展到其他方面，如墓葬规模之大小；墓室积石积炭
之有无与多少；墓内葬车之变化；部分器物如玉覆面、铜鱼、
铜铃、海贝及口琀的存在规律等，将已发掘各组墓的早晚顺序
排列为：北排M9、M13——M6、M7——M33、M32——（最西
未发掘者）——南排M1、M2——M8、M31——M64、M62、
M63。至于南北两排之间一组，即后来编为M91、M92组，推测
可能稍早于M64组[9]。这种排序除对两组未发掘墓的判断有误
外，其余与此前、此后诸发掘报告的排序均无矛盾。

1994年第五次发掘结束后，共发掘晋侯夫妇墓8组17
座，新增5座，仅铜器铭文中晋侯之名就新出现3位。发掘者
进而把排序的依据扩展至铜器铭文，把8组墓早晚排序定为：
M9、M13——M6、M7——M33、M32——M91、M92——M1、
M2——M8、M31——M64、M62、M63——M93、M102。在此
基础上，又结合《史记·晋世家》对晋侯世次的记载，对各

组分别为哪位晋侯夫妇进行了推测[10]。这一排序结论在参加晋侯墓地发掘工作的同仁中基本取得共识，然而在学术界尚有异议。最初发表不同意见者有两位先生，他们都长期参加和主持沣西考古发掘，并对沣西大型墓葬——井叔墓地的排序进行过研究，他们是卢连成和张长寿二先生。

卢先生分析了各组墓的大致年代，并依陶器的变化规律等推断了各组墓的早晚关系，把上述 8 组大墓分为东西两区，其中东区 6 组的早晚序列为：M6、M7——M9、M13——M32、M33——M91、M92——M1、M2——M8、M31。至于西区 2 组，认为肯定晚于东区各组，未予细排。很明显，对东区 6 组，卢先生所定 M6、M7 居中，最早。其余分处其左右，且按早晚之序左右交替排列。此种排列是卢先生对井叔墓排列法的再现，也是对《周礼》中有关公墓墓地按"昭穆为左右"安排墓位的再次解释，认为"六代晋侯大墓的坑位可能仍然遵循着西周昭穆排列的礼制"[11]。

张先生未明言晋侯是否遵照了昭穆制的规则，但把 8 组墓也分为两列，且两列墓葬"南北交替的排列"，其顺序是：M9、M13——M1、M2——M6、M7——M8、M31——M32、M33——M91、M92——M62、M63、M64——M93、M102[12]。此种排列似有主张昭穆制的倾向。

卢、张二位也对各组墓分别为哪位晋侯夫妇进行了推断。卢、张之后，彭林先生也发表了类似的看法[13]。

1998 年，一座未发掘的晋侯墓被看守墓地的合同民警（县公安局聘用）盗掘，2000 年案发后，考古队对其进行了发掘，此即第六次发掘[14]。第六次共掘 1 组 2 座，亦为夫妇并穴，编号为 M114（被盗者）和 M113。此组位于 M9、M13 和

M1、M2 两组之间，即原南北两排东端的中间。至此，晋侯夫妇墓共计 9 组 19 座。

新一组墓的发现对以往各种排序都是一种检验。自第五次发掘之后，各种排序法都依铜器铭文和《史记·晋世家》晋侯世次推断了每组墓的墓主人为哪位晋侯及其夫人。无论排序如何，都是早晚代代相承，鲜有指出哪位晋侯空缺。如果M114、M113 位于各序列的中间，那就意味着原序列有空缺，世数不全，所指认的各组墓与各位晋侯的对应关系至少部分有误，需要重新考订。M114、M113 发现之初，我们就意识到了这一问题，发掘期间和发掘之后，几经多方面反复比较，觉得M114、M113 组的各种特征与 M9、M13 组相同，这两组墓是全部九组墓中最早的两组。至于两者孰早孰晚，实在难以区分，故发掘简报没有发表明确结论，仅结合以往之推定认为这两组墓的墓主人不外燮父与武侯父子及其夫人，未能确定哪组是燮父夫妇，哪组是武侯夫妇。

第六次发掘简报发表后，孙庆伟、李伯谦、张懋镕、黄盛璋先生等分别依铜器铭文与特征，以及陪葬墓的材料，推断M114 早于 M9[15]，即 M114 为燮父之墓，M9 为武侯之墓。李学勤先生也发表了类似的意见[16]。可以看出，这种结论对第五次发掘简报的排序没有冲击和影响，仅是在原排序之前增加一组。张长寿先生则把 M114、M113 置于 M9、M13 之后，M1、M2 之前，其他一仍其旧[17]。M114、M113 的发现对卢连成先生的昭穆排序冲击最大，但卢先生尚未就此发表意见。

在晋侯墓排序的研讨中，也有仅就部分墓之早晚发表意见者，如许杰先生即认为南面一排三组墓的早晚序列是西早东晚，即 M64 组早于 M8 和 M1 组，据许先生云，倪德卫、夏含夷二位先生也有类似之见[18]。

至于各组墓中晋侯与夫人的埋葬时间是同时抑或有先后，在第五次发掘之前，我们一直在比较、观察和思考，很难作出判断。如在墓葬的方向方面，同组夫妇墓惊人的相似，墓葬中线几乎平行，墓室两两（或三座）相对，若非同时，很难如此，除非先葬者有明显的墓上标记。在随葬品方面，也难看出谁早谁晚。直到第五次发掘后，才找到同组夫妇非同时埋葬的证据。这就是 M92 夫人墓中出有三位晋侯的铜器，计有晋侯鞍马、晋侯喜父、晋侯对。按照我们的排列，M92 之夫 M91 墓主为喜父，M1 墓主为对，喜父与对为父子关系，对既称晋侯，那只能在其父去世之后。其母（也许不是亲生）葬有晋侯对所作之器，表明其母后于其父去世。我们也曾设想是否晋侯对在其父卒与葬之间的丧期内先即晋侯之位并立刻为其"从死"之母铸造随葬之铜器。因为依文献记载，诸侯是五月而葬，在近五个月的时间内完全来得及铸造铜器。然而 M92 所出晋侯对鼎铭文明确讲铸此鼎是要"万年眉寿永宝用"，根本不是为随葬而铸，"从死"之设想难以成立。

有先生提出，对晋侯墓地墓葬的排序应以墓为单元，而不应以组为单元[19]，此说很有道理，同组晋侯夫妇确非同时埋葬。不过同组墓之年代亦非常接近，这不影响侯墓的排序。

3. 墓主推断

在晋侯墓地所出青铜器铭文中，已见六位晋侯之名，出于七座墓中。还有的墓（最早的两组）虽未见晋侯之名，但铭文中亦有"晋侯"二字。铭文中晋侯苏之名和晋厉侯、晋成侯之谥与文献记载一致。因此，大部分学者在对晋侯墓排序时，又结合文献记载对各晋侯墓墓主进行了推断。对此，徐天进先生曾以表格形式总结过第六次发掘之前的各家见解，兹以徐表为基础，把各家意见按发表先后补充如下（表一一）。

表一一

墓与作铭者	M114	M9	M6	M33	M91	M1	M8	M64	M93	发表时间	注释
作铭者	晋侯	晋侯	?	僰马	喜父	对	苏斷	邦父	叔家父?		
马承源						厉侯				1993年	[20]
马承源							献侯			1996年	[21]
李朝远							文侯			1993年	[22]
邹衡		燮父?				厉侯	M8穆侯 文侯			1994年	[23]
张颌							文侯			1994年	[24]
裘锡圭						厉侯	献侯	穆侯		1994年	[25]
第五次简报（徐天进等）		武侯	成侯	厉侯	靖侯	鳌侯	献侯	穆侯	文侯	1995年	[26]
李学勤		武侯	成侯	厉侯	靖侯	鳌侯	献侯	穆侯	殇叔	1995年	[27]
李学勤	燮父	武侯	成侯	厉侯	靖侯	鳌侯	献侯	穆侯	殇叔	2001年	[28]

续表——

作者\墓与铭	M114	M9	M6	M33	M91	M1	M8	M64	M93	发表时间	注释
	晋侯	晋侯	?	甦马	喜父	对	苏	邦父	叔家父?		
孙华		燮父	武侯	成侯	厉侯	靖侯	献侯			1995年	[29]
孙华							鳌侯	穆侯		1997年	[30]
张崇宁								鄂侯		1996年	[31]
卢连成		靖侯②	厉侯①	鳌侯③	献侯④	穆侯⑤	文侯⑥			1996年	[32]
李伯谦		武侯	成侯	厉侯	靖侯	鳌侯	献侯	穆侯	文侯	1997年	[33]
李伯谦	燮父	武侯	成侯	厉侯	靖侯	鳌侯	献侯	穆侯	文侯	2002年	[34]
冯时						鳌侯	献侯	穆侯		1997年	[35]
张长寿		晋侯①	晋侯断③	穆侯甦马⑤	晋侯喜父⑥	晋侯对②	晋侯苏④	晋侯邦父⑦	叔家父⑧	1998年	[36]
张长寿	晋侯②	晋侯①	晋侯断④	晋侯甦马⑥	晋侯喜父⑦	晋侯对③	晋侯苏⑤	晋侯邦父⑧	叔家父⑨	2002年	[37]
黄锡全		武侯	成侯甦马	厉侯喜父	靖侯对	鳌侯断	献侯苏	穆侯	文侯	1998年	[38]
黄锡全	燮父	武侯	成侯甦马	厉侯喜父	靖侯对	鳌侯断	献侯苏	穆侯	殇叔	2002年	[39]

续表一一

墓与铭＼作者	M114	M9	M6	M33	M91	M1	M8	M64	M93	发表时间	注释
	晋侯	晋侯	?	僰马	喜父	对	苏	斩 邦父	叔家父?		
刘启益							穆侯			1998年	[40]
彭林		武侯①	成侯②	靖侯④	献侯⑥	厉侯③	鼙侯⑤	穆侯⑦	文侯⑧	1999年	[41]
徐天进		武侯	成侯	厉侯	靖侯	鼙侯	献侯	穆侯	文侯	2000年	[42]
朱凤翰		成侯?	厉侯僰马	?	靖侯对	鼙侯斩	献侯苏	穆侯		2000年	[43]
孙庆伟	燮父	武侯								2001年	[44]
黄盛璋	燮父叔矢	武侯	成侯	厉侯	靖侯	鼙侯	献侯苏	穆侯	?	2002年	[45]
张懋镕	燮父	武侯	成侯	厉侯	靖侯	鼙侯	献侯苏	穆侯	文侯	2002年	[46]
彭裕商							穆侯苏	献侯斩		2002年	[47]

注：1. 本表顺序依文章发表先后编排，发表多篇文章的作者按其首篇时间排列。

2. ①、②、③等表作者对各墓早晚之排序，未注者同表首之序。

由表中可以看出，在第五次发掘简报发表之前，已有少数学者对部分墓主进行了考证。第五次发掘简报则首次对当时已发掘的八位晋侯墓作了全面排序，此种排序后被不少学者认同，但也有若干不同意见。第六次发掘简报发表后，M114墓主为何人成为大家关注的焦点，初有孙庆伟、李学勤、李伯谦诸先生先后推断其为燮父，后又有数位先生亦如是认识。燮父为武侯之父，如此，M114置于M9之前恰与第五次简报之排序相合。我们同意第五、第六次发掘简报的结论，九组晋侯墓墓主就是自燮父至文侯九位晋侯及其夫人。当然，这一结论有些是可以肯定的，有些尚待继续研究，肯定者有以下几点。

首先，叔虞墓不在此墓地，因最早二组墓都出有"晋侯"铭文的铜器，叔虞称"公"而不当称"侯"。

其次，铜器铭文中有三位晋侯之名或谥见于文献记载，其在文献中的前后顺序和世次恰与我们的排序和对墓主的推断相合，此应为客观真实而非偶然巧合。三位晋侯分别是晋侯苏、晋厉侯和晋成侯。晋侯苏之器最先发现，出于M8，我们定该墓为晋侯苏。厉侯之谥见于M91、M92所出之晋侯喜父器，铭文说喜父之文考是厉（刺）侯，我们定M91喜父为晋靖侯，文献中靖侯恰好是厉侯之子。成侯之名见于M31所出盘铭，此器口下有一周花纹，为"S"形回首夔纹（第三次发掘简报图四:3），属西周中期典型花纹，明显早于M31其他铜器。可惜铭文甚浅，磨损严重。2002年在上博展出时，各位专家细心辨识，可知有"令楙马……□考成侯"之内容，成侯应该是楙马之亡父。我们定M33为楙马，即晋厉侯之墓；M6为晋成侯，文献中厉侯又恰好是成侯之子。需要特别说明的是，对晋侯墓的排序，我们在每次发掘期间都随时予以注意和判断，三位晋侯名、谥铭文的最初辨识都在每次排序之后，铭文、文献和考古排序三者如此契合，足证我们的排序结论是可靠的，对墓主的推断至少从 M6（成侯）至 M8（献侯）无可置疑。

最后，由早晚排序可知，晋侯墓墓位的排列与文献所记昭穆之制的排位不合。

过去，笔者曾认为晋靖侯以前晋侯世次可能有遗漏，马承源先生也有类似之说[48]。晋侯墓地的发现表明，这种认识成立的可能更小了，倘真有遗漏，应在成侯以前。

4. 器用制度的研究

晋侯墓虽遭盗扰，但大部完好无损，其保存之完整，材料之丰富，年代跨度之长，早晚序列之清晰则是他地同时同级别墓地无法相匹的。其中丰富的随葬品最引人注意，不少学者从不同的角度进行过探讨。徐天进、李伯谦先生就此进行过总结[49]。

（1）铜礼器

首先是用鼎制度的研究，晋侯墓有三点表现得相当清楚。

其一是用鼎数量的变化，从早到晚由多变少。最早的两组墓无论男女数量都很多，如 M9 之鼎有十余件，M13 不少于七件；M113 有八件，M114 被盗，估计应多于夫人墓，与 M9 相当。最晚的几组墓，晋侯为五鼎，夫人为三鼎（不含明器），均较一致。说明在用鼎数量上，在西周早中期之际尚无定数、定规，西周晚期已有规可依。这种变化发生在西周中期。

其二，典型的列鼎，即形制、花纹相同，大小相次之鼎只见于最晚的几组墓，最早的两组墓葬鼎虽多，但没有形制、花纹相同者，可谓五花八门。此种变化亦应发生在西周中期。

其三，无论早晚，晋侯用鼎之数都多于夫人。尤其在西周晚期，夫人比晋侯低一级。以往视夫妇为同等级别之说不适用于晋国墓葬[50]。

对晋侯墓地用鼎制度的研究，不少学者作过很好的论述，如曹玮[51]、宋建[52]等，不一一备举。

簋是与鼎相配之器，按文献记载，如何相配标准明确，很有规律。然晋侯墓地所见似乎一直无固定规则。如最早两组墓之簋都较多，M9 之簋多于六件，M13 为四件，M113 为六件。最晚几组墓虽用鼎之数有规可依，但用簋之数却不像文献所言那样与鼎相配，如 M93 晋侯墓五鼎配六簋；M62 和 M102 两位夫人都是三鼎配四簋，而 M63 夫人为三鼎配二簋。

簋与鼎如何相配，为什么时而比鼎少，时而比鼎多，个中缘由不得而知，但鼎与簋之奇偶相配则大都与文献记载相符。另外，与典型列鼎相配的簋在西周晚期一般形制、花纹与大小均相同，可谓典型"列簋"。然这种簋在最早两组墓中已经存在，如 M9、M113 所出之簋虽不全部如此，但一墓中已有两件以上完全相同者，这一点与鼎不同，故有学者认为"用鼎形式的规范完善似乎是从列簋开始的"[53]，似有道理。

其他铜礼器亦有规律可循。

尊、卣仅见于偏早墓中，最晚的三组未见，此亦各地周墓普遍规律。在晋侯墓地，晋侯墓多见，夫人墓少见。

爵、觯亦主要见于偏早的墓中，偏晚的墓仅 M8、M64 各出一爵。此二器也是侯墓多见，夫人墓少见。

甗，偏早时晋侯与夫人墓都有，偏晚时仅见于晋侯墓中。无论侯还是夫人，每墓仅出一件，此亦各地周墓之定制。

盘与盉、盘与匜两种组合同时并存，男女皆具。比较而言，晋侯多有盘、匜；夫人多用盘、盉。不论哪种组合，各器每墓亦仅一件。

盂，仅见于偏早的侯墓中，夫人墓未见。

壶，偏早之墓资料不全，详情不明。偏晚的墓每墓多成对伴出，且形制、花纹与大小往往相同。也有单出一件者。壶有方体、圆体两种，似方体多见于侯墓，圆体多见于夫人墓中。

属于明器者仅见于最晚二组墓，这与他地所见相同，是两周之际大型墓的共有现象。明器种类有鼎、簋、尊、卣、盘、匜、盂、爵、觯、方彝。无论各墓出多少件，每种器物仅一件，不重复。其组合形式同于实用器，如鼎与簋、尊与卣、爵与觯相配等。后两种组合仿自西周早期实用器，仅器形特征有别。

（2）乐器

包括编钟与石磬。从早到晚都有，但仅见于晋侯墓，夫人墓不见。

M9晋侯墓出4件编钟，是现知最早的4件一套的编钟。M114被盗，据说亦有编钟。M114若为燮父之墓，其时代与宝鸡竹园沟弜伯墓地M7相当，竹园沟M7所出3件编钟是以往所知最早的编钟，若此，M114与之同时。M6、M33二位晋侯墓被盗，但在盗土中出有编钟残块。此二墓肯定有编钟，惜至今下落不明，不知各出多少件。M91出7件，其后各晋侯墓分别出8或16件，与他地西周晚期和春秋早期所见相同。

石磬资料发表不全，知每墓都在10件以上。

（3）青铜兵器与工具

此二类器物早晚都有，亦仅见于侯墓中，夫人墓不见。

兵器有干（仅存漆痕与昜）、戈、矛、剑、镞等。干、戈每座晋侯墓都有，但多少不一；矛与剑数量少，见于部分侯墓。

工具为斧、凿、锛，数量也不多。依上村岭虢国墓所出
"太子车斧"之铭文，推测这几种工具当与车有关，可能是修
治车舆的工具。

（4）车马器

晋侯与夫人墓早晚都有，在数量上，男性多于女性。器类
主要有舍、辖、銮、镳、衔与当卢。当卢见于偏早之墓，晚期
不见，此亦与他地同。

（5）陶器与原始瓷器

陶器种类和数量都是由多到少。最晚的三组墓，无论晋侯
还是夫人，每墓仅葬一件陶鬲。此前，尤其是最早的几位夫人
墓，不仅陶器种类较多，而且有些器物如鬲、罐、豆等，每墓
不止一件。常见之器有鬲、簋、豆、罐、大口尊、三足瓮等。
晋侯墓中的陶器一直都很少，即使最早几位晋侯，每墓也仅一
两件。可见，夫人墓的陶器多于晋侯墓是早期晋国墓葬的特
点，有些器物如大口尊、三足瓮为夫人墓专用品。

晋侯墓地随葬陶器的情况与规律和同遗址同时期中小墓的
情形相类。

原始瓷器和漆器也是晋侯夫妇墓常见之器，比较而言，夫
人墓更为多见。原始瓷器在曲村"邦墓"中也有发现，但限
于个别二鼎以上的墓，可见这是只有高级贵族才拥有的器物。
漆器在"邦墓"中也有，多限于铜器墓。

（6）墓主随身之物

首先应提到的是玉石器。总体而言，早晚有变化，男女有
区别。从早到晚数量增多。在同组墓中，除 M8 晋侯苏比较特
别，玉石器多于夫人外，其余各组，夫人所葬玉石器明显多于

晋侯。至于各种器物特征，早晚也有不同，从器形到花纹均如此。这些玉石器，有的用途明确，有的尚待研究。以下对用途明确者予以简要介绍，有关器物细部特征和变化从略。

头部玉石器主要有覆面、口琀、耳饰、发饰。

覆面，又称"瞑目"，是把做成人面五官形状的小玉片及其他相关玉片缀在一块布帛上，将其覆于死者面部（图一五）。小玉片有特制，也有改制。一般一面有花纹，分别呈五官形等，另一面素光无纹。据 M64 晋侯邦父墓所见，覆面在覆盖时玉片一面朝下，布帛一面朝上。

覆面出现于西周中晚期之际，晋侯喜父 M91 及夫人 M92 已有，其祖、父之墓 M6 和 M33 均被盗，有无不明。最早二组未见。现知最早的玉石覆面出自沣西井叔墓地，时当西周中期，与晋侯墓 M6、M33 二组年代相当，或许此二组也有。此物晋侯与夫人都有，一般每人一套，个别墓为两套。而同时期其他贵族墓不见。

口琀，置于墓主口中，早晚都有，男女皆具。多数是碎玉片，也有完整的小体器或精美的小石子。碎玉片断口尖锐，棱角分明无磨损，且往往能拼成完整之器，显然是楔齿放置前有意打碎。

耳饰，现可确定的耳饰只有玦一种，出于耳部，早晚男女都有。

发饰，墓主头部所见玉石器除上述几类外，还有其他器物，如管状、条状物，小体动物形器等，也许与束发、饰发有关，但如何佩戴都难以确知。对照居址发现的资料，可知生前死后束发及发型不同。在居址中，骨笄是所有骨器中制作最精、数量最多的器物，然在晋侯夫妇墓中（中小墓亦然）极少

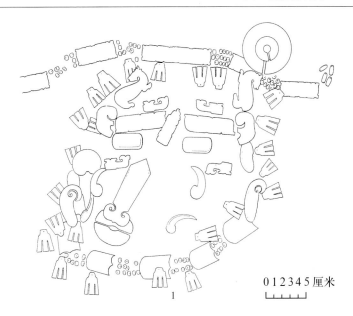

0 1 2 3 4 5 厘米

1

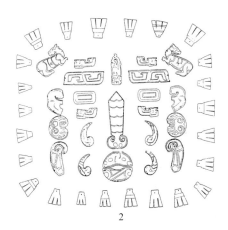

2

图一五　晋侯夫人墓（M62）出土覆面（采自《文物》1994 年第 8 期）

1. 出土时平面图　2. 复原图

图一六　晋侯夫人墓（M102）出土项饰

（采自《文物》1995年第7期）

见到。当然晋侯夫妇可以不用骨笄，可更高级的玉石类笄几乎不见，即使可充作笄用的条状玉石器也极少。

项饰，早晚男女都有（图一六）。项饰的构件早晚略有不同。

佩饰，这里指上半身所见佩带物。主要有两种。一种戴在颈上，正挂于胸腹部；另一种由肩部而下，斜置于胸前，上端如何佩带，未能究明。这两种佩饰都由数量众多的不同器物串成，故有学者称之为"组玉佩"[54]。这里将前一种称为"胸佩"，后一种称为"肩佩"。

胸佩主要由各种串珠与璜构成（图一七）。在晋侯墓地最早的两组墓中，晋侯墓M114被盗不明，M9无此种胸佩，但他

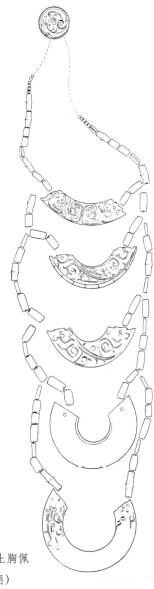

图一七 晋侯喜父墓（M91）出土胸佩

（采自《文物》1995 年第 7 期）

们的夫人都有。此后，凡未盗之墓，无论晋侯还是夫人都有胸佩。胸佩用璜多少似与性别无关。

肩佩仅见于夫人墓，他地亦如此，为贵族妇女专用品。一般为一组，且多佩于右肩（图一八）。个别为两组，分佩左右两肩或全在右肩。肩佩主要由一两件梯形牌和大量串珠构成。因梯形牌上窄下宽，穿孔自然上少下多。每孔串珠一列，故其上串珠列数少，其下串珠列数多。梯形牌位于整个肩佩上部，其上各列汇集于一系，由一圆形或兽头形玉件终结；其下各列由各种串珠相间串成，列与列相互对应，各列彼此分离，互不相连（图一九）。

此外，部分墓主上半身还有玉璧、玉戈、柄形器、肩饰、手握等。

下肢部玉石器甚少，主要见于足部。

有关晋侯夫妇墓的用玉制度，孙庆伟先生做过专门研究[55]。

其他随身之物还有腰带构件，见于偏晚的几位晋侯墓中，夫人墓未见，说明男女服饰有别。腰带构件有青铜和黄金两种，由多件近圆形饰和一件三角形饰组成。

（7）棺椁之饰

可辨者有两种，一种是由铜鱼、蚌鱼、铜铃、各种质地之贝等组合的饰物，学者们往往与"鱼跃拂池"（《礼记·丧大记》）相联系视之为棺饰。此类饰物见于最晚几组墓，晋侯与夫人都有。这是西周晚期和春秋早期各地贵族墓实行的葬俗之一。在晋侯墓地，其所在位置多数见于东西两侧椁底上，少数集中一处（M92）或见于四周椁底上（M93）。凡在椁底四周或两侧者，距椁壁内侧都很近，此种情形不像是罩在棺上之物，

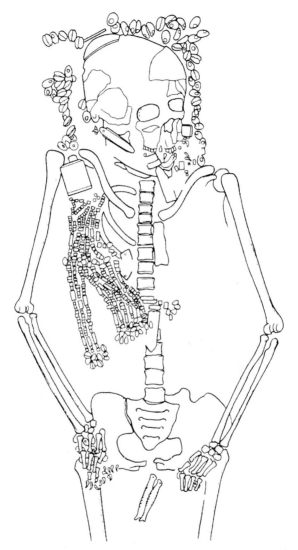

图一八　曲村墓地 M6214 肩佩位置（采自《天马—曲村》）

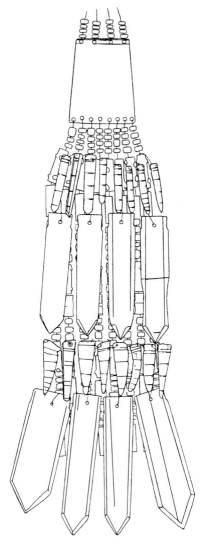

图一九　晋侯夫人墓（M92）出土肩佩（采自《文物》1995年第7期）

更像是立于或悬挂在椁壁上之物。

另一种是由长方形铜片与石圭（或铜圭）组成的饰物，有学者认为与"翣"有关[56]。此种器物也是只见于最晚几组墓，晋侯夫妇都有，也许与第一种饰物有关。其出土位置，有的放在外棺盖上；有的在棺、椁之间的椁底上；有的还斜倚椁壁。在椁底上者，其上、下都发现有第一种饰物上坠落的构件，如铜鱼等，说明其原本未在椁底上，也是后来落下的，当初应置于棺盖上或倚立于椁壁上。

（二）墓葬相关问题研究

对晋文化墓葬的研究多散见于对两周墓葬研究的相关论著中，在晋侯墓发现之前，专门研究晋国墓葬的论著并不多，而且多偏重于某一方面，如张辛《中原地区东周陶器墓葬研究》[57]，高崇文《试论晋南地区东周铜器墓的分期与年代》等[58]。近年又有李伯谦《从晋侯墓地看西周公墓墓地制度的几个问题》[59]，杨建军《三晋东周铜器墓初论》[60]，刘绪、徐天进《关于天马—曲村遗址晋国墓葬的几个问题》等[61]。对于他们的研究成果，不拟一一罗列，兹结合个人研究所得，概括为以下几个方面。

1. 墓地位置

先秦时期的墓地一般在居址附近，晋国墓葬也不例外。至于墓地与居址的相对位置，我们粗略统计了晋地东周时期既有城址又有墓地的材料，发现没有固定的规律，似无定制。比如墓地在城址之北的有四处：闻喜上郭城北、太原晋阳城北、邯郸赵王城北、潞城古城北。

墓地在城址西北的有两处：天马—曲村遗址毛庄古城西北、万荣汾阴城西北。

墓地在城址之东的有两处：侯马新田城东、曲沃凤城古城东。

墓地在城址东北的有一处：芮城古城东北。

墓地在城址之南的有两处：侯马新田城南、曲沃凤城古城南。

墓地在城址西南的一处：郑韩故城西南许岗墓地。

墓地在城址之西的有两处：长子古城西、中山灵寿城西。

以上共计14处，如果把城之西北、东北均视为城北，则墓地位于城北者共有7处，占总数之半，这也许是当时一种稍微流行的葬俗，或与葬在"北方、北首"之说有关。

2. 墓葬分布与墓位排列

墓葬分布与墓位排列有何特点与规律，需要有大面积发掘的墓地材料，这方面以天马—曲村"邦墓"墓地和侯马上马墓地的材料最理想，前者发掘两周墓葬七百余座，后者发掘两周墓葬一千三百余座。若结合他处墓葬的发现，可将墓葬分布与墓位排列的规律概括为如下几点。

（1）除晋侯墓地外，其他各墓地成员往往包括多种等级的人，这一现象从西周到战国都能找到例证。

先看与晋侯墓地大体同时的天马—曲村"邦墓"墓地，从西周早期到两周之际，有些墓葬除墓葬规模小于晋侯夫人外，其随葬品之丰盛程度与晋侯夫人几乎相当。如最早的两位晋侯夫人（M113、M13）都葬有十多件青铜礼器，"邦墓"中与之同时并葬有同样多青铜礼器的墓也有多座（不限于女性）；最晚的几位晋侯夫人都葬三鼎，而"邦墓"中三鼎墓亦有不少。同时，"邦墓"墓地还有其他不同等级的人，而且数量更多。这些墓有的葬品中有少量铜器；有的葬品虽只有陶器但数量不一；还有的无任何随葬品，可谓一无所有。

在上马墓地既有五鼎、三鼎和一鼎青铜礼器墓，也有大量仅葬一件陶鬲和无葬品之墓。类似者还有闻喜上郭、万荣庙前、辉县琉璃阁及邯郸百家村等墓地，他们基本都属东周时期，有的墓地等级差别更加明显和悬殊。如上郭墓地，在不同等级的墓葬中，有一座墓虽无墓道，但墓室规模与晋侯墓相当，即74M55大墓。该墓墓口长6.4米，宽4.3米，墓底更大于墓口。墓虽被盗，但出土物中仍有多件石磬和荀侯匜以及青铜兵器、车马器、玉戈、玉璜、玉项饰，还有黄金构件。椁外积石积炭。此墓时代属春秋早期，即与晋侯墓地最晚一位晋侯的年代相近。由晋侯墓的材料得知，当时晋国墓葬随葬品中有编磬必有编钟，该墓原来肯定也有编钟，而在西周和春秋早期，唯有晋侯一级墓才可以随葬这两类乐器，其他等级的墓包括晋侯夫人墓在内都不能随葬这两类乐器。那么上郭74M55墓主居然与晋侯规格相当，而且还葬有其他诸侯的铜器——荀侯匜，墓室填充着当时只有晋侯夫妇墓才使用的积石积炭，这不能不让我们想到被封在曲沃的桓叔、庄伯和武公三位。曲沃一支自受封之始就与晋侯作对，"曲沃邑大于翼"，敢于违礼把自己的居邑建得比晋国都城还大并经常向晋侯发难，历时不久，武公便"灭翼"，取代了嫡系晋君。只有这样的人物才可能使用与晋侯相同规格的葬制。上郭属闻喜县，上郭春秋墓地之南紧临一座东周古城。而闻喜又恰是曲沃所在地两种说法中可能性最大的一处，因此上郭74M55的墓主很可能是桓叔至武公三者中之一[62]，墓地之南的古城很可能就是曲沃故城。

若这一推测不误，在上郭各类等级的墓葬中，其墓主人还包括了桓叔一类人物。

万荣庙前墓地以出土过鄬镈、邵钟、"王子于"戈等而颇受学界关注，依墓地发表的资料得知，其时代主要属春秋晚期至战国中期，也包含了不同等级的墓葬。其中最大者是58M1，属春秋晚期。该墓北部少许坠入黄河，但仍出有列鼎5件，还有编钟编磬等。那些出有鄬镈、邵钟和"王子于"戈的墓，规格可能高于58M1，墓主应该是晋国执政卿一级人物。

辉县琉璃阁墓地中也有身份很高者。20世纪50年代初在琉璃阁墓地发掘一座战国车马坑，形制与太原金胜M251赵卿墓的车马坑相同，但规模却比后者大。据说在该车马坑之西有一座大墓于1938年被盗，仅编钟就出有24件，编钟之数也多于M251。此墓年代晚于M251，尽管此时僭礼现象更加严重，但墓主的级别不会比执政卿低太多。

至于东周晋国国君晋公与三晋各国国君之墓地，材料尚少，且未大规模揭露，难明详情。如新绛柳泉大墓，是否为晋公墓尚有疑问；辉县固围大墓即使是魏王或赵王墓，也仅仅是一组夫妇墓和两座陪葬墓；邯郸赵王陵和新郑许岗韩王陵都一陵未掘完整。这些墓地除发现个别陪葬墓外，有无其他等级的墓有待今后的发掘才能知晓。搁置这类墓地暂且不论，则其他墓地如上所述，包括了各种身份、各种等级的人。高低贵贱的人葬于一地，说明以血缘为纽带的"族葬墓"制度一直存在。

（2）各族墓地又可划分为若干小的墓域，墓域之间的分界比较明显。同一墓域的墓多方向相同，其他葬俗亦多相近。身份最高的人往往比较集中分布在同一墓域。

同一墓域的墓时代有早晚之别，但其埋葬顺序看不出任何规律，所谓"昭穆制"在这些墓地也得不到证实。对此，周代其他各国的墓葬与晋国相同，当时是否按昭穆排列墓位，很值得怀疑。当然，看不出规律并不等于无章可依，分布密集而又极少相互打破表明并非无人管理的随意瘗埋。墓位的确定可能采用占卜之法，即在特定的范围内通过占卜选定，文献称之为"卜宅"。

（3）夫妇异穴并列而葬之俗一直在贵族中流行。西周时期几乎仅见于高级贵族，此后逐渐扩展到中、小贵族。一般国民少见这种葬俗。

在晋侯墓地，晋侯夫妇皆并列而葬。曲村西周"邦墓"中，可确定为并列而葬的夫妇墓均随葬较多的青铜礼器，身份较高，但这类墓数量较少。到东周时期，并列而葬的所谓"对子墓"明显增多。这种现象及其变化规律不限于晋国，他国亦大体如此。

在夫妇并列之墓中，夫人之数亦有增多的趋势，高级贵族尤为明显。西周时期以一夫一妇为主，即使晋侯也很少例外，只有西周末年的晋侯邦父有两位夫人与之并列。东周时期，特别是战国中晚期，一夫有两位乃至三四位夫人与之并列者屡见不鲜。如新绛柳泉、辉县固围、闻喜邱家庄、新郑许岗大墓，还有居于晋地之中，与晋国关系密切的中山王墓等。依中山王墓所出"兆域图"所示，一王有四位夫人并列其左右。可见在一夫多妇并列的时候，夫当居中。我们曾考察过天马—曲村遗址西周时期晋国一夫一妇并列墓夫妇墓位孰左孰右的排列规律，发现西周早期多是男右女左，西周晚期多是男左女右，变化发生在西周中期。至于东周时期，似无固定规则。

墓葬的方向，高级贵族多为南北向，如晋侯墓、柳泉大墓、固围大墓、邱家庄大墓、许岗大墓，还有上郭大墓、分水岭墓等等。东西向大墓只有赵国高级贵族墓和琉璃阁几组贵族墓。前者如金胜 M251 赵卿墓、邯郸诸赵王陵。东西向墓是秦墓一大特征，史有秦、赵同祖之说，也许两者真有血缘关系。琉璃阁贵族墓主要属春秋时期，其国别尚有争议，假如属晋系，也非晋君。其为何作东西向，当另有原因。

对于一般中小墓，东西向与南北向都有，比较而言，南北向者在逐渐增多。

3. 墓葬规模与车马坑

总体而言，同时期墓葬，墓主等级越高墓葬规模越大；同级别墓葬，时代越晚规模越大，高级贵族的墓葬尤其明显。

在高级贵族墓葬中，有无墓道是等差最突出、最明显和最重要的标志。西周时期，只有晋侯和与之并列而葬的夫人才可设墓道，其他贵族，即使葬品与晋侯夫妇相当者也不能设墓道，曲村"邦墓"中有多座这样的墓。这一规矩大约一直延续到春秋战国之际。春秋时期，如上举上郭春秋早期墓74M55，其葬品与晋侯相当，规格高于晋侯夫人，但没有墓道。又如金胜 M251 赵卿墓，时当春秋战国之际，其葬品之丰、规格之高也应与同时晋君相当，可也没有墓道。与 M251 墓主等级相当，时代相若的墓还有琉璃阁和分水岭等地的贵族墓，也都没有墓道。其实在战国时期国君夫妇以下的贵族仍极少设墓道，现知仅分水岭一墓（M35）有一很短的墓道，而所知有墓道的大墓都被考定为国君夫妇之墓，如固围墓、许岗墓、赵王陵周窑 1 号墓及中山王墓等。

可见，设不设墓道是晋国区分国君与其他贵族墓的主要标志。过去，有学者把"文公请隧"之"隧"解释为墓道，若此说成立，"隧"果真是墓道，那也不会是单墓道或双墓道，应该是王一级的四墓道。因为早在文公以前，晋侯夫妇就已设单墓道或双墓道了，这是晋君一贯的葬制，无须到春秋中期才请求周王批准。其他诸侯国也大体如此。

同时期不同等级之墓规模有别是周代礼制的必然，而高级别贵族墓的规模不断增大则是厚葬之风愈演愈烈的结果。西周时期的晋侯墓地已有这种趋向，最早的几组都是单墓道，最晚两组出现双墓道。若以墓室规模为标准，最早两座晋侯墓 M9 和 M114，各自全长约 15 米；墓室口部尺度分别是 5.65 米×4.01 米和 5.5 米×4.3 米，面积约 23 平方米；而最晚的两座晋侯墓 M64 和 M93 全长分别是 24.3 米和 32.5 米；墓室口部尺度分别是 6.6 米×5.48 米和 6.3 米×5.1 米，面积分别为 36 和 32 平方米，已增大不少。春秋中、晚期的晋公墓尚未发现，不过由晋之执政卿一级人物的墓葬可推知其最小之规模。金胜 M251 赵卿墓墓口 11 米×9.2 米，面积为 100 余平方米；可能也是晋国卿一级人物的辉县甲墓，墓口 11 米×10.3 米，面积达 110 多平方米。此时的晋公墓如果发现，其墓室规模肯定大于这些墓。战国时期，固围三座大墓均为"中"字形双墓道，其中西面一座——一号墓最小，全长仍不少于 190 米，其墓室口部尺度为 18.8 米×17.7 米，面积 320 余平方米。依发掘报告所言，最大的一座是居中的二号墓，惜资料介绍不全，其规模肯定大于一号墓，全长在 200 米以上。许岗大墓的规模与固围大墓相当。与西周晚期最大的晋侯墓相比，规模增加若干倍。

在夫妇并列而葬的贵族墓中，无论早晚，一般男性墓大于女性墓，这当是周代葬制的一条规则。

附葬车马坑是商周时期贵族墓的特有现象，周代晋国车马坑有如下特征和规律。

（1）与墓葬的情况相类，若时代相同，墓主等级越高，车马坑规模越大，所葬车马越多。

在晋侯墓地，所有晋侯夫妇之旁的车马坑都比中型墓 M112 的车马坑大。其中晋侯苏墓旁的车马坑是现知西周时期最大的车马坑之一，长约 22 米，宽约 15 米。坑内分东西两部分，其间用夯土墙相隔。东部面积小，用以葬马，现已清理完毕，共埋马 110 多匹，在已发掘的西周车马坑中数量最多。西部面积大，用以陈车，目前尚未发掘，估计车数不会少于 20 乘。而同墓地的中型墓 M112 的车马坑规模很小，长宽不足 5 米，内陈车 4 乘，埋马 10 余匹。

在曲村"邦墓"墓地也发掘数座西周早期车马坑，最大者是 J4 区 2 号，东西长近 9 米，南北宽 4 米，内陈车 3 乘，埋马 14 匹。其所属墓主是一对夫妇并列而葬的中型墓，各葬二鼎二簋，等级显然低于晋侯。最小者见于 J4 和 K4 区，平面多为梯形，内陈车 1 乘，埋马 2～8 匹不等。其中 K4 区的几座，周围所见都是小型墓，虽然也有出一两件铜礼器或兵器之墓位于其近旁，但在分布上很难判断两者之间的所属关系。所以我们认为这类车马坑可能并不属哪位墓主专有，而为那些随葬一两件铜器的小贵族所共有，这些小贵族在有车阶层中身份最低。

东周时期如上马墓地，共发掘 3 座车马坑。2 号车马坑较大，陈车 5 乘，埋马 12 匹，其所属主墓为五鼎墓（M1005）；1、3 号车马坑稍小，各陈车 3 乘，埋马 6 匹（原报告说 1 号为 5 匹，可能有误，应为 6 匹），其所属主墓均为三鼎墓

（M1287 和 M1284）。金胜 M251 葬有三套列鼎，最多一套为七鼎，墓主级别明显高于上马 M1005。M251 的附葬车马坑陈车至少 16 乘，埋马 44 匹。东周晋公墓及三晋各国国君的车马坑还未发掘，相信其规模和所陈放的车、马都比 M251 车马坑既大且多。

按文献记载，各级贵族丧期用车之数有明确的等级差别，上举考古发现也大体反映了这种差别。但比照考古材料和文献记载，发现两者并不完全吻合。如《礼记·檀弓下》云："国君七个，遣车七乘；大夫五个，遣车五乘"，讲得很有规律。然晋侯苏之车马坑中绝不止七乘车。晋侯墓 M9 墓内虽葬车恰为 7 乘，似与国君七乘相合，可该墓还有附葬车马坑，两者相加自然超出七乘之数。若再看金胜 M251 之车马坑和辉县琉璃阁车马坑（M131），葬车均 16 乘以上，更无法对照。不唯晋国如此，其他诸侯国也不例外，如辛村卫侯墓地 3 号车马坑，葬车 12 乘，马 72 匹。又如沣西张家坡井叔墓 M157 和 M170，各自仅墓内葬车就不少于 15 乘[63]。考古发现表明，文献所记仅是对实际等级差别的一种理想化归纳，而非实际情况，除非所言"遣车"不用于随葬。

（2）车马坑为男性贵族而设，女性贵族似不设车马坑。

就现有车马坑的材料，凡可以明确主墓的车马坑，其主墓必有一位是男性，夫妇并列而葬的高级贵族自不必说，而无女性并列的单独男性贵族墓有的也附有车马坑。如晋侯墓地 M112、曲村 J4 区 M6210、金胜 M251（其旁也许有女性墓）等。与此相反，和这些有车马坑的男性墓等级相同的单独而葬的女性墓则未见附有车马坑。如曲村 J4 区 M6069、M6308 和 M6214，她们和晋侯墓地 M112、曲村 J4M6210 都为三鼎或二鼎墓，时代相同，墓室规模亦相当。可见，女性贵族墓是不设车马坑的，这很可能是当时埋葬制度的一项规定。

女性不设车马坑并不等于女子不可以乘车，有多位晋侯夫人墓中就随葬有车，不少贵族女子墓中还葬有车马器。

（3）三鼎（含少数二鼎者）以上贵族墓才可单独附设车马坑，身份最低是大夫；低于三鼎的小贵族没有自己单独的车马坑，但可与他人共有车马坑，身份当为上士。

在上举有单独车马坑的男性墓主中，最少葬三鼎二簋或二鼎二簋。依晋侯墓的材料可知，西周晚期的晋侯葬五鼎四簋，三鼎二簋与晋侯夫人相当，墓主应是未即侯位的晋侯之子或卿、大夫一级人物。东周时期的三鼎墓也应该是大夫中的低下者。大夫生前有车，文献中也可找到证据。《论语·先进》中记载，孔子的学生颜渊死了，颜的老父找到孔子，请求孔老先生把自己的车卖掉，为颜渊置办一椁。可孔子没有答应，理由之一是自己曾当过鲁国的大夫，不能没有车坐。这段记载说明大夫拥有自己的车，即使不在其位仍可享用。

上举曲村 K4 区的小型车马坑，所属主墓难明，表明这些车马坑不为哪一位专有，而为若干同宗小贵族男子共有。他们死后不专设车马坑，大概生前也没有属于自己的专车。这等小贵族也许就是冯谖一类人物，属高级别之士——上士，他们有资格坐车，可车的所有权不属于个人。因此，死后自然不能专设车马坑，只能与他人共有。至少对绝大多数士来说应是这样。

4. 墓祭与墓上标志

周代存在墓祭，《周礼》中讲得比较清楚，如《春官·冢人》在记述冢人管理墓地的职责时，包括"正墓位，跱墓域，守墓禁，凡祭墓为尸"等。然而到汉代却出现了不同说法，自此，周代乃至整个先秦时期有无墓祭便形成两种对立的意见，直到清代仍争论不一。20世纪80年代，杨宽和杨鸿勋二先生再度就此展开讨论，看法依然对立。通过晋侯墓地的发掘，可以肯定地说西周时期存在墓祭[64]，至少西周晚期晋侯墓地已如此。有关晋侯墓地墓祭的概况，前文已有介绍，兹不重复。

通常所谓的墓上标志有三种，即封、树、堂。封是指坟丘；树是指树木；堂是指土木建筑。

坟丘的出现，除东南地区土墩墓外，现知最早者属春秋时期，且主要见于黄河下游地区，即孔子游历过的宋、卫、陈、蔡和齐、鲁等地，孔子说他在各地见到过几种坟丘，应该是有依据的。西周及其以前，只有一例可能有"封"，即辛村西周墓M1。据《浚县辛村》介绍，该墓在墓口之外"更各向外扩筑夯土，宽2.5、厚1.5米"，夯土范围大于墓室之口，土色与墓内相同。这种情形很像墓上封土，报告未讲墓口以上夯土是否高出当时地表。该墓发掘于20世纪30年代，且是辛村墓地最先发掘的一座。据说发掘之初对夯土性质的认识存在分歧，郭宝钧认为是墓土，马非百认为是河堤，发生过所谓"郭公墓，马公堤"之争[65]。可见当时田野考古经验还相当欠缺。因此M1墓口外的夯土是否属坟丘那样的"封"还很难确定。在曲村墓地和晋侯墓地的发掘中，我们一直特别留意墓上标志，始终采用探方揭露法，以便控制地层和各种现象。结果未发现任何标志物的踪迹。

现知晋国最早的坟丘墓均属战国中晚期王公一级贵族墓，如新绛柳泉、邯郸赵王陵、新郑许岗韩王陵等。按照郑玄的说法，这类贵族的坟丘应称之为"丘"[66]，与中山王墓《兆域图》之称相合。封土之上或附近都发现有筒瓦及板瓦，其上可能还有"堂"一类建筑。

至于墓上之树，即使有也难以确认，所以在考古材料中还没有这方面的直接证据。不过，由大量的墓葬分布材料可进行相关推测。

两周时期的墓地已发现很多，其中不少中小墓墓地的墓葬分布相当密集，然而相互打破的现象却较少。在晋侯墓地，每组晋侯夫妇墓的墓向都惊人的一致。我们曾统计了已发表的晋侯夫妇墓的方向，发现各组晋侯夫妇的墓向或完全相同，或仅差一度。需要特别说明的是，晋侯墓地的发掘分别由若干人员负责，各墓墓向亦由不同人员测定。各组晋侯夫妇墓的墓向如此一致，应与密集的中小墓很少相互打破一样，反映了当时墓地管理者"正其位，掌其度数"的水平相当高。由此我们曾推想，各组墓的晋侯及其夫人可能是同时建墓埋葬，即夫人是从死者，故方向易于一致。然而 M92——晋侯喜父夫人墓中除出有其夫喜父器和其夫之父晋侯僰马器之外，还出有其子（也许不是亲生）晋侯对之器，说明她是正常的自然死亡，死在晋侯对即位称侯以后，亦即其夫喜父死后一段时间[67]，也就是说 M92 和 M91 并非同时勘穴建墓和埋葬。如此就涉及后死者的墓向是如何保持与先死者一致的问题。"冢人"除持有如中山王墓《兆域图》那样的图以外，先死者的墓上还必须有明确不变的地面标志。而且该标志物不是单点，至少是两点或呈直线形。因为在周代还没有罗盘，测日影又难以把握如此准确的方向。那么墓上标志是什么？在坟丘和其他墓上建筑未存在时，最大的可能是树，而且每墓至少两棵。

墓上其他建筑可据中山王墓《兆域图》的称谓名之为"堂"。这种"堂"可以直接建在与墓口范围大约相当的台基上，也可以建在比墓口范围更大而且较高的坟丘上。前者如固围三座大墓，台基保存好者高约半米，其上有础痕和础石，台基外围有内边与墓口对齐的石散水；后者如柳泉大墓和赵王陵等，尤其是赵王陵，于坟丘之外还有陵垣。这与中山王墓《兆域图》所示几乎完全相同，"兆域图"由内往外也依次是"堂""丘""垣"，唯有北面内垣和中垣之间所谓"宫"的建筑，在赵王陵的有关考古资料中未见报道，这是需要今后田野考古工作注意的。赵王陵若有与《兆域图》位置相同的这种"宫"的建筑，依该陵的方向，应在坟丘之西。

5. 殉人与殉狗

有关这方面较系统的研究，十多年前有黄展岳《中国古代的人牲人殉》一书[68]，近年有韩巍《西周墓葬的殉人与殉牲》的论文[69]。殉人限于贵族墓。就周代而言，殉人现象以东、西两地最为突出，东方即今山东等地，以齐为代表，也包括齐国附近其他封国，这一地区西周墓发现虽少，但殉人现象较普遍，东周墓发现很多，殉人更加流行；西方以秦为代表，西周贵族秦墓尚难确指，东周贵族秦墓发现也很多，殉人程度更胜于东方，估计西周秦墓的殉人也不会少。东西方这些一直流行殉人的封国，绝大部分属非姬姓封国，至于姬姓封国的殉人墓葬，情况要复杂得多，有殉人的墓并非限于所有贵族，其存在过程似由多到少再到多，晋系墓葬即属此类。晋国西周贵族墓各种身份都有，然殉人现象极少，均见于天马—曲村遗址。

晋侯墓地发现墓内殉人二例，其一是晋侯墓 M114，在该墓北"二层台"下面的墓底有一浅坑,内埋一人,女性,22~24岁。有薄棺一具,随葬品仅一件河蚌。另一例是 M114 西北的 M110,该墓一殉人置于南"二层台"上,年龄十余岁。M110 墓主为女性。根据墓葬规模、分布位置及葬品类别与特征等方面分析,M110 与 M114 约当同时,属西周早中期之际。M110 应是 M114 的陪葬墓。

曲村墓地发现殉人三例,其中二例在墓内,一例在车马坑中,均属西周早期。殉人在墓内者一是 M6080,墓主是贵族女性,年龄为 14 或 15 岁,葬二鼎二簋等青铜礼器。在该墓东"二层台"上有一殉人,亦为女性,年龄与墓主相当,为 14~17 岁,口含海贝 26 枚。另一座殉人墓是 M6123,墓主是一位 6 岁左右的儿童,随葬有青铜鬲、戈、斧各 1 件,锡 2 件,应为一名男童。此墓殉人置于与"二层台"台面等高的壁龛内,年龄亦 6 岁左右,口含海贝 12 枚。有殉人的车马坑是 J4 区的 4 号坑,所属之墓是 M6210,该墓随葬三鼎二簋等铜礼器,墓主是一位五十多岁的男子。车马坑内的殉人位于舆后填土中,俯身直肢,男性,30 岁左右。

以上凡五例,均属西周早期及早中期之际的贵族墓,墓主有男有女。其中一座为晋侯,一座为晋侯陪葬墓。另三座比晋侯身份稍低。我们知道,晋侯夫妇墓共有 19 座,时代由西周早中期之际到春秋之初;曲村墓地与上述三例殉人墓等级相当者有 10 座,时代包括整个西周时期(多属早期,晚期很少)。由此可知,殉人现象在晋系贵族墓中并不普遍,而且仅见于西周早期,西周中晚期不见。类似的情况并非只见于晋国,如沣西张家坡西周墓,在 1967 年发掘的 124 座中,有殉人的墓共 13 座,可定时代者均属西周早期,而在同等规模的中晚期墓

葬中不见[70]。1983～1986 年在同地又发掘西周墓 390 座, 报
告作者在总结殉人现象时也指出, 在西周早期的墓葬中, 以人
殉葬的现象比较普遍, 一般中等以上的墓均有殉人, 到西周中
晚期时发生了明显变化, 即使大墓也很少见殉人了[71]。可见,
西周时期殉人由多到少的变化规律在周系墓葬中具有普遍性,
变化的转折发生于西周中期。直到春秋中晚期之际, 殉人才又
再次多起来。

春秋中期以来, 晋系墓葬发现的殉人主要如下。

A. 太原金胜赵卿墓有四个殉人, 皆成年, 或男或女, 与
墓主同椁而葬。都有一棺和较多的随葬品[72]。

B. 汲县山彪镇 M1 有四个殉人, 与墓主同椁, 均有少量
随葬品[73]。

C. 长子牛家坡 M7 有三个殉人, 与墓主同椁, 均有一棺
和少量随葬品。此墓还葬四件木质人俑, 高 68 厘米[74]。

D. 赵王陵周窑 M1 西墓道有两个殉人, 均为儿童, 各自
一棺, 并列置于同一椁内。都有较多的随葬品[75]。M1 是赵王
陵的陪葬墓, 有两个墓道, 墓主身份也很高。

E. 辉县固围 M1、M5 和 M6 各殉一人, 均置于墓室壁龛
中, 有少量随葬品[76]。固围 M1、M2、M3 三座墓是现知中原
地区规模最大的一组夫妇并列的墓葬, M2 和 M3 被盗扰严重,
是否有殉人难以确定。而 M5 和 M6 本身可能就是此三墓的陪
葬墓。

F. 临猗程村 M1056 在墓室填土中葬一人, 骨骸散乱[77]。
M1056 也出有多件青铜礼器。

G. 陕县后川 M2138 和 M2124 各殉一人, 与墓主人同椁,
有少量随葬品[78]。此两墓墓主也都葬有较多青铜器。

H. 邯郸百家村 50 年代发掘八十余座战国墓，其中五座有殉人[79]，都属较大之墓，其中最多者殉三人。

I. 长子孟家庄 M19，该墓棺椁结构特殊，椁内两端各一棺，大小相同，棺内各一人，都无随葬品。两棺之间为器物箱，内置陶器 5 件，计有豆 2、壶 1、盘 1、匜 1。两人中有一人应是从死者[80]。

J. 侯马上马墓地三座，墓主有男有女，身份都不高，未葬任何青铜器。殉人皆成年，被埋于近墓口的填土中，其中一人可能被肢解[81]。

以上九处发现，A、B、C 三处三墓都出有大量青铜礼器与兵器，最少葬五鼎，因此，墓主都是高级贵族。D、E 两处属国君及其陪葬墓，也是高级贵族。F、G、H 三处殉人墓较前五处身份稍低，由于都出有数量不等的青铜礼器，故墓主至少是中等贵族。与这些墓墓主同穴而葬者应该是"从死"的殉人。尤其是与墓主同椁葬者更应如此。I 和 L 处都很特殊。孟家庄之葬法极为罕见，墓主与从死者主从难辨；上马墓地共发掘周代墓一千三百余座，比这三座殉人墓身份高者还有很多，但都未发现殉人。结合殉人在墓中的位置及肢解的情形，这三例的存在也当有其特殊原因。I 和 L 两处四墓不代表主流。

总之，约从春秋中期开始，贵族墓殉人又多起来了，但并不是所有中等以上贵族墓都有殉人，如万荣庙前、长治分水岭、辉县琉璃阁、侯马上马等贵族墓大多没有殉人。陕县后川墓地最大的一座墓 M2040 也没有殉人。若统计比例，殉人者仍占少数，这或与殉人现象遭到批评有关。

殉狗的变化规律比殉人简单，西周早中期多见，尔后便很少了，终周之世，再未反复。然西周早中期哪类墓殉狗，似比殉人墓复杂，大约分为两个系统。

一是姬姓晋系。如晋侯墓地，殉狗之墓见于 M114、M9、M6、M91 四位晋侯墓和 M112，这些墓都属西周早中期，每墓多者两具，少者一具，个体都较大，姿势规矩，多为卧式。置于墓主足端"二层台"上，或近墓室的墓道底部。狗颈上多戴有项圈，其上串有铜铃、铜珠或海贝。这些狗显然是墓主身前的宠物，下葬时处死，在封盖椁顶之后放入。M112 墓主为男性，葬多件青铜礼器，并设有车马坑，身份仅次于晋侯。晋侯墓地的殉狗现象表明，在西周早中期只有贵族男子才殉狗，而妇女，即便晋侯夫人都不殉狗。上举殉狗之墓未提介于 M91 和 M6 之间的 M33 晋侯僰马墓，该墓仅发掘了墓室，墓道因被现代砖窑所压而未发掘。根据 M91 以前各位晋侯都有殉狗的特征看，M33 很可能如同 M6 那样，殉狗被放在了墓道内。

晋侯墓地是晋国最高级别的墓地，其各方面特征应该真实地反映了姬姓晋人的葬俗。

曲村墓地 641 座西周和春秋早期墓中共发现有殉狗的墓 23 座，全都属于西周早中期。根据各方面特征，《天马—曲村》报告将其分为甲、乙两类。甲类 17 座，占殉狗墓的绝大多数，有以下几个特点：

① 17 座墓中有 16 座集中分布于同一墓域——K4 发掘区西部。且墓主均头朝西，与晋侯墓地之墓不同。在曲村墓地 641 座墓中，头向西的墓共 33 座，几乎全都与这 17 座殉狗墓集中分布在一起。

② 17 座墓中有 8 座有腰坑，坑内所葬之狗几乎全为幼仔，颇为特别。凡有腰坑之墓，不仅在腰坑内殉狗，而且在填土中仍然埋狗[82]。此 8 墓皆西向，集中在上述同一墓域。而

腰坑在晋侯墓地无一发现，不是姬姓晋人的葬制。

③ 17 座墓的殉狗，除置于腰坑者外，多放在墓室填土中，少见置于"二层台"上者，其陈放位置有别于晋侯墓。

④ 这 17 座殉狗墓，墓主人有男有女，不像晋侯墓地清一色仅见于男性。墓主身份都不太高，仅一墓随葬一件铜鼎、一件铜戈等，多数以陶器和其他小件器物为随葬品。

以上特点表明，甲类 17 座殉狗墓的墓主应属一个有别于其他墓葬的族群。由于既与晋侯墓在各方面有所不同，又与其他同时期墓葬同处一个大的墓地，故很可能是与姬晋联姻的他族墓葬。

曲村乙类殉狗墓 6 座，和甲类相比有以下几点区别：

① 墓主人全部是男性。

② 墓葬全部是南北向。

③ 六座墓分布在不同的区域。

④ 殉狗几乎都在墓主人足端的"二层台"上，仅一例在"二层台"上方的填土中。

⑤ 几乎都伴出青铜礼器，身份都比较高。不过，同墓地同等身份的墓并非都有殉狗，有殉狗者约占同等身份男性墓的四分之一。

乙类墓的时代也都属西周早中期，西周晚期和春秋早期未见。这些特征多与晋侯墓相同而与甲类殉狗墓有别，因此，这六座墓与晋侯应属同一族系，即姬姓晋系，只是因身份不同，宗系不同而分葬不同墓地。《天马—曲村》报告的分类是正确的。总之，在西周姬姓晋系墓中，殉狗仅限于西周早中期晋侯和部分中等贵族男子墓，女子不殉狗。姬姓晋系墓也不设腰坑[83]，殉狗位置多陈放在墓主足端"二层台"上或墓道底上。

东周殉狗墓发现很少，见于上马墓地、上郭墓地、后川墓地等处，总共不足 10 座。与数以千计的东周晋系墓相比，微乎其微，不足以总结其特征和规律，可能都有其特殊原因。这些殉狗墓的墓主有男有女，殉狗的位置更为复杂，或在腰坑内，或在填土中，还有的与墓主同椁而葬，更显示了与西周时期的不同。

东周墓中殉狗虽极少，但车马坑中却依然存在，狗仍是贵族们珍爱的宠物。中山王墓的殉狗在脖子上带着用金、银管串成的项饰；在春秋战国之际流行于三晋地区铜器上的线刻写实图案中，狗与马车是狩猎图的主要内容，凡此都可证明狗是备受重视的。冯谖在列举孟尝君所拥有的珍贵财富时，特别提到狗和马，且与珍宝、美女等相提并论[84]，狗、马在当时人们心目中的分量可想而知。冯谖所述当不限于孟尝君一人，此种情况在高级贵族中应该普遍存在。

6. 棺椁制度

谈到周代的棺椁制度，人们都会引录《荀子》、《庄子》和《礼记》等文献的记载，尽管各自解说不一，但多数人认为周代存在如同用鼎制度那样等级分明的棺椁制度。查周代墓葬棺椁的发现，除战国中晚期楚地棺椁多而复杂，往往被作为解释文献中棺椁制度记载的依据外，其他地区所见各级贵族棺椁之数很少能与文献记载相符。

据赵化成先生统计，在西周和春秋早期各地各级墓葬中，棺椁之数最多者是一椁二棺，既见于如晋侯、井叔、虢公、黄君等诸侯一级的墓，也见于如同中周路 M2415（此墓应属春秋中期）这种至多为士一级的墓[85]。在这一时期的晋系墓葬中，使用一椁二棺的人更为广泛，上自晋侯夫妇，下到比士还

低的国民。中周路 M2415 尚随葬 1 鼎、1 簋（？）、1 铜、1
盘、1 匜等多件青铜礼器和其他器物，而曲村墓地 M7057 仅葬
有 3 件陶器、1 件石圭、1 件蚌圭和 12 枚海贝，其身份显然要
比中周路 M2415 低得多，可该墓也使用一椁二棺。至于一椁
一棺之墓，更看不出等级的痕迹。比如晋侯夫妇，有多位用一
椁一棺。其他同时期墓，如大量的陶器墓以及无任何随葬品之
墓也用一椁一棺，在曲村墓地，无任何随葬品而用一椁一棺的
墓就有 8 座。

棺椁之数在等级上没有明显体现，并不等于当时对棺椁不
重视，连无任何随葬品的人都用一椁一棺，正说明当时对棺椁
的使用是非常重视的。在晋国，约到春秋晚期，高级贵族棺椁
之数有所增加，出现一椁三棺墓，如长子 M7，金胜 M251 等。
普通国民，约春秋晚期以来，也尽量棺椁兼具。在各地发现的
大量春秋晚期以来的陶器墓中，多数使用一椁一棺，一椁二棺
也很常见。更多低身份的人有棺有椁。如 1988 年曲沃凤城遗
址发掘 10 座战国陶器墓，其中 2 座单棺，8 座是一椁一棺或
一椁二棺[86]；1992 年侯马下平望发掘 40 座春秋晚期以来陶器
墓，除 2 座葬具不明，2 座为单棺外，其余大部分为一椁一
棺，少部分为一椁二棺[87]。又如在曲村发掘的 42 座战国小型
陶器墓中，一椁一棺墓就有 31 座，占 73% 以上[88]。相类似的
材料还很多，兹不一一列举。终周之世，大概对于国民以上的
所有人员来说，无论死者属何等级，除有棺之外，还尽量要有
椁。春秋晚期以来对这一葬俗更加看重。《论语·先进》讲
到，颜路的儿子颜渊死了，颜路请求孔子卖掉车子来为颜渊置
办一椁。这件事也足以说明当时人们对置椁的重视程度。

棺椁之数在等级上没有明显体现，是就考古所见并不像文

献记载的那样规范、分明和复杂而言的。这种现象也不等于说各种等级的人所使用的棺椁就没有区别。总体来看，棺椁重数最多的墓往往是高级贵族。另外，椁的大小和棺的加工也有区别，一般情况下，墓主身份越高，墓室规模越大，椁室规模也越大，棺室髹漆越讲究。如同样是西周时期的一椁二棺墓，晋侯墓的墓室长约5~6米，宽约4~5米，椁室多数长约4米，宽约3米，高约2米，其棺都髹漆。而上举曲村K4区陶器墓M7057墓室长2.32米，宽1.2米，其椁仅长2.19米，宽0.93米，高约0.5米，棺未漆。与晋侯墓相比，差别甚大。墓室规模介于晋侯与M7057之间者，椁室亦大小有别，若详细统计，其等级差别要比棺椁之数明显得多。

按照文献记载，棺椁材质与附设装饰也有等级之分。材质因绝大部分棺椁朽变成灰无法确认；附设装饰也因大都毁坏失真难究其详。不过后者有个别方面勉强可辨大概，如主要流行于西周晚期和春秋早期贵族墓中的两类棺椁之饰，一类即常见的由铜（石、蚌）鱼、铜铃、海贝及其他质材的仿制贝等组成的饰物。另一类是较常见的由长方形铜片及其所夹的石（铜）圭组成的饰物。上一节介绍晋侯墓棺椁之饰时有所提及。前者被学者们普遍视作棺饰，视作"荒帷"上的构件，后者被解释为翣。据我们在曲村墓地和晋侯墓地的发掘中对这类饰物出土状况的仔细观察，它们在墓内的陈设位置，不是罩在棺上，当是倚挂在椁壁上。尤其是第一类饰物，从五鼎四簋的晋侯到一鼎一簋的士都可见到，但并不是所有贵族都有。在晋侯墓地和闻喜上郭墓地多见，曲村墓地仅　对两周之际墓，也有第一类饰物。可是侯马上马墓地有多座春秋早中期贵族墓（有的为三鼎或五鼎墓），无一随葬这类饰物。这种现象已经不能用身份等级之别来解释，或许与族系有关。据文献记载，上述两类棺椁之饰在棺外陈挂的数量和方位与身份高低有关，即身份高者不仅饰物数量多，而且陈挂方位也多。依考古发现，第一类饰物，即铜鱼和铜铃一类，其数量多少与墓主身份高低有一定对应关系，但不绝对。至于其陈挂的方位，绝大多数位于两侧棺椁之间，少数位于一侧（或一端）或四周。在晋侯夫妇墓中，这三种情况都有。在所见位于两侧的晋系墓葬中，有晋侯及其夫人这样的高级贵族，也有葬二鼎或一鼎相当于士的小贵族。后者如上郭 75M1、74M373 和曲村 I2M5189 等。他国发现也大体如此。文献中所谓天子以下贵族的棺饰依次用"四池""三池""二池""一池"之说与考古所见多不相符，很可能与棺椁之数的等级记述一样，是一种理想之辞，实际并不严格存在。第二类饰物，即长方铜片和石（铜）圭组成的饰物，如果这种饰物果真是文献中所说的翣，那么在用数上两者也难相符。在晋系墓中，现知一墓最多者是四件，发现于棺椁之间或外棺盖上，既见于晋侯墓，如 M64 和 M93 等，也见于一鼎墓，如上郭 74M373。而更多的贵族墓未见这类饰物。可文献所记该物有明确的等级之分，所谓"天子八，诸侯六，大夫四，士二"云云[89]。

7. 随葬器物

以往学术界对随葬器物的研究多偏重于青铜礼乐器和陶器，近年对青铜兵器、车马器和玉器的研究也多起来。凡此，这里不拟一一介绍，以下仅就部分学界涉及较少的特殊随葬物予以论述。

（1）墓内葬车

晋系墓墓内葬车，目前所见主要属两个时期。一是西周早中期（个别属西周晚期）；一是战国中晚期。

西周早中期者集中发现于晋侯墓地和曲村墓地，晋侯墓地所见如下：

M9：葬车七乘，均为拆置，其中墓室填土中五乘，墓道内二乘。七乘车个体都较大。

M13：葬车一乘，整置于椁盖上，车体较小。

M114：共葬车四乘，均放在墓室填土中。其中三乘大车为拆置，一乘小车因随椁盖塌陷不明拆置还是整置。

M113：葬小车一乘，拆置于椁盖上。

M6：葬大车一乘，拆置于墓道底近墓室处。

M7：葬小车一乘，整置于墓道底近墓室处。

M33：墓道未掘，仅墓室葬车五乘，拆置于二层台及椁顶上，均为大车。

M32：葬小车一乘，整置于墓道与墓室交接处。

M91：葬大车一乘，置于椁顶上，随椁室塌落而下陷，结构不明。

M64：葬车一乘，置于椁顶上，随椁室塌落而下陷，结构不明。

其他墓未见葬车。

由上述发现可知，晋侯或晋侯夫人，是否葬车与墓葬的年代早晚有关；葬车的多少与人小则因男女而异。

M91 以前各组墓，无论晋侯还是夫人，普遍葬车。从 M92 开始，以后的晋侯夫妇极少葬车，仅 M64（晋侯邦父）葬车辆，或可视为特例。这种葬俗的变化约发生在晋侯喜父前后，亦即西周中晚期之际。

曲村墓地的贵族墓亦有葬车者，共见三例：M6231 为二鼎

二簋墓，葬车二辆；M6195 和 M6210 同为三鼎二簋墓，各葬
车一辆[90]。这三座墓均属西周早期，且均为男性墓。属西周
晚期的 M5189 虽然随葬有二鼎二簋，墓主也是男性，但墓内
无车。这种墓内是否葬车的变化时间当与晋侯墓地相同，即发
生在西周中期或稍晚。不过，曲村西周早期三鼎男性贵族墓也
有墓内不葬车的，如现知该墓地规模最大的 M6081，随葬四鼎
（其中一件方鼎，三件圆鼎）二簋，墓内就未葬车。这又表
明，在西周早期，或可晚到西周中期，三鼎男性贵族墓未必一
定在墓内葬车。

晋侯夫妇所葬之车，在大小与数量上有明显区别，晋侯都
葬大车，数量往往多于夫人，而夫人墓所葬之车均为小车，且
每位夫人只有一辆。在曲村墓地中，墓内所葬之车均为大车，
所属墓主亦均为男性（上举三例）。而女性墓未见葬车，即使
与晋侯夫人等级相当的三鼎女性墓亦不例外。由此可以认为，
凡葬大车之墓墓主都是男性，级别为大夫或大夫以上。在沣西
张家坡 1983～1986 年所掘 28 座墓内葬车的墓中，凡性别明确
者均为男性，所葬车亦为大车，与曲村墓地所见相同。张家坡
也发现有小车，但墓主性别不详，估计应为女性且身份较高。
在西周时期的晋国，女性中只有晋侯夫人墓内可以葬车，而且
仅葬一辆小车，这种待遇是其他女性不能享有的。

考古所见商周时期的车，主要是大车，轮径约在 140 厘米
左右。小车发现较少，晋侯墓地共见五辆，这是他处所少见
的。这些小车制作精美，装饰考究。如 M13 之车，连轮牙周
边都包有铜构件。小车轮径 95～120 厘米，其他构件如轴、辋
和舆的尺寸也比大车小很多。其高度明显不宜驾马，而只能驾
以羊、鹿等动物。因此，这类小车很可能就是高级女性贵族专

用的娱乐车。

西周中期之后到战国早期之前这一相当长的时间内，墓中极少见葬车，即使像晋侯墓 M93、辉县甲墓、M80、M60、金胜 M251 等高级贵族墓也是如此。这与他国情况有所不同。

战国中晚期墓内再度使用葬车，但发现很少，共两例。

一是固围 M1。该墓南墓道（主墓道）有一车室，内置二车。

一是赵王陵陪葬墓周窑 M1。该墓东墓道（主墓道）也有一车室，因盗扰严重，仅存二马残骸。

这两座墓都是"中"字形大墓，而且可能都是女性。此时的"中"字形大墓是否都在墓内葬车，由于这类墓发掘很少，且都被盗扰，还难下结论。

（2）石圭

玉石圭是周代墓葬中的常见之器，这里所说的石圭专指与盟书载体完全相同的那种，也就是侯马制圭作坊生产的那种石圭。约在春秋早期，这种石圭在居址和墓葬中出现，它与西周时期的玉石圭很不相同。由考古材料看，除因无意行为存在于一般文化层和灰坑等遗迹堆积内者外，属有意而为者主要见于三个方面。一是祭祀坑中，包括盟誓遗迹。二是房屋墙基下，如曲村 J6F11，前面已有介绍；三是墓葬中。

在东周晋系墓的随葬品中，石圭非常普遍，不论男性、女性，大型墓、小型墓都很常见，有时甚至是墓中唯一的随葬品，当然也不是每墓都有。大体而言，春秋时期各墓随葬较少，战国时期往往成堆放置。在墓葬各类随葬品中，常见之物多能知其用途，这种石圭放在墓中是何用意？据温县盟书起始语"圭命"或"圭命曰"得知，此物不仅确实名圭，而且在盟誓中具有神性。祭祀坑中和房屋墙基下者都与祭祀有关，那么放于墓葬中者可能也与埋葬时某种祭祀活动有关。分水岭M35两件石圭上还墨书"吉"字，似乎也可作为这种推测的依据。这种石圭与文献所记表示身份等级的圭性质不同，没有太大关系。

（3）贝

包括海贝和海贝的仿制品骨贝、石贝、蚌贝、金属贝等。在周代墓葬中，海贝与各种仿制贝也是主要随葬品。其出土位置相当复杂，说明其功用并不单一。作为口含置于口中；作为装饰戴在头上，挂于颈部，佩于胸前；还有的握于手内，放于足端；棺椁用，车马用，旌旗亦用，等等。

海贝在西周前半最为流行，尤其是作为口含，从高级别的贵族到普通国民都大量使用。有些小墓其他葬品什么都没有，可往往在口内或他处放一些海贝。可以说海贝在西周前半墓葬中是出现频率最高的葬品之一，若统计一下这一阶段各类葬品所见的墓葬数量，葬有海贝的墓葬数量若不是最多也接近于最多。在西周后半，葬海贝之墓明显减少，这种状况在整个东周时期无大改变，变化发生于西周中期。东周时期海贝虽然一直存在，但并不普遍，一般在大一点的墓中才可见到，而且不是所有大墓都如此。

海贝作为葬品由盛到衰的变化过程，似与金文中"赐贝"内容的有无变化过程相同步。在西周金文所见的赏赐物中，西周早期金文中多见赐贝内容，晚期金文中则极为少见，表明西周时期海贝的功用及人们对海贝的重视程度和使用方式发生过变化，时间亦在西周中期。

其他材质的海贝仿制品应该特别提到的是金属贝。首先是

铜贝，铜贝在商代就已铸造，殷墟和山西保德林遮峪等遗址都
有出土^[91]，西周似未见到，约在春秋中期关东地区始有较多
的发现，而且有的外面包金。在晋国，东周较大的墓中时有发
现。如上马 M13 出铜贝 1600 余枚，包金铜贝 32 枚；辉县甲
墓出包金铜贝 1500 多枚，等等。侯马牛村古城南还出土了铸
贝陶范，这是极为罕见的^[92]。其他金属贝还有黄金贝和银贝，
主要见于北方地区，前者如河北灵寿西岔头战国墓所出^[93]；
后者如中山王墓所见。为何金属贝从春秋中期以来较为流行，
它是否属于货币，有待进一步研究。

（4）其他若干特殊器

带钩　主要为铜质，也有其他质地者。带钩在晋系墓葬中
出现于春秋晚期^[94]，战国时期非常流行，很多小型墓都随葬
有带钩。男、女墓葬都出，老人小孩皆具，是战国时期最常见
的一种随葬品。侯马铸铜遗址就有专门生产带钩的地点，其中
仅一个灰坑中就出带钩范和车马具范 1.5 万多块。人们生前死
后都在使用，需求量之大可想而知。带钩在墓中的出土位置很
不固定，但多数并不位于腰部。它被置于墓中的目的，似乎失
去了单纯作为腰带构件的意义。

铜合叶　在晋系墓中出现于春秋早期，如上马 M4078。以
后所见都出在大中型墓中。其用途有如现今之合叶，上马墓地
3 号车马坑 2 号车出有 3 件，安装在舆外围板所开之门上。

铜"方策"　此乃约定俗成之名，实为"卡环"或"带
扣"（图二〇）。多数为方形，个别为圆形。无论方、圆，都
带一个鸭首状弯钩，也有带两个对称弯钩的。约出现于春秋晚
期，主要见于大中型墓中。多数独自成器，也有附着于青铜帐
顶、车舎上和矢箙上者。

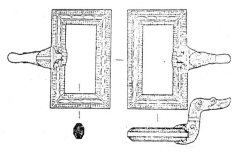

图二〇　铜"方策"

铜帐顶与伞盖　在晋系墓中已出数件，见于春秋晚期以来较大的墓中。一般帐顶直径较大，顶孔附有"方策"类扣环以系索带（图二一）；伞盖直径多较小，顶孔无环用以插盖弓。

铜泡与易　以往考古报告中所说的铜泡是商周墓葬和车马坑中常见之器，以圆形为主，也有其他形状及兽面、人面形者，是小体铜器中最易辨认的器物。但是，这些考古报告没有把易与铜泡区分开来，而是混为一谈。根据浚县辛村和北京琉璃河西周墓葬出土的被习称为"大铜泡"之器上的铭文得知，习称之"大铜泡"多数应名之为"易"，文献中称为"锡"，是干（盾）上的构件。它与其他铜泡外形正面相同，但背面与口部及个体有明显区分。泡背面有"一"字或"十"字状横梁，用以穿系革带或绳索；口无外折之边沿；个体大小不一，直径一般小于10厘米。易背面无梁；口外折形成一平沿，沿上有对称的两组或等分的三组小孔，每组小孔一般为两个，这些孔是把易固定在干面上的钉孔或系绳孔；易的个体都较大，直径一般都在10厘米以上（图二二）。铜泡在周代各地都很多见，至于易，因各考古报告未与铜泡区分，其流行时间

图二一 铜帐顶（采自《太原晋国赵卿墓》）

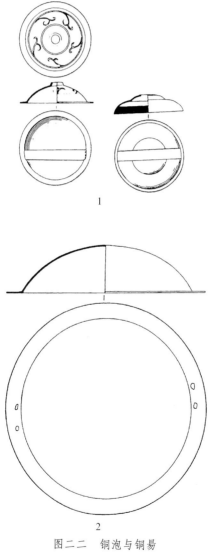

图二二　铜泡与铜易

1. 铜泡　2. 铜易

图二三　铜"当卢"

与地区还难以明了。不过，据我们对晋系墓葬的统计，凡出昜之墓，往往还出戈、矛等兵器，墓主为男性。

"当卢"　此所谓"当卢"不是指西周时期可以肯定是马器的当卢，而是指春秋晚期以来常见的一种也被考古学家称为"当卢"的器物（图二三）。该器为圆形平板，直径7～8厘米左右，周边有四个对称的穿孔组，中心多为四瓣花纹，外围是一周几何形花纹，这两种花纹之间是镂空的盘龙或蟠虺纹。在《山彪镇与琉璃阁》报告中称为"四组透花圆片"，郭宝钧先生根据他在南阳乡间所见牛头上之"顶盘"，认为山彪镇M1所出"四组透花圆片"与之相类，"颇似当卢"。此后遂被大家沿用至今。由于当时郭先生"尚未见出于马额者"，故"不敢肯定"就是马器当卢。事实上到现在为止，仍未见出于马额者，该器是否为马器当卢，仍难肯定，需田野发掘时注意其出土位置，注意与其他器物之关系，以便确定其用途。

彩绘鹿角　出于战国时期男性贵族墓中，现知主要见于韩、魏墓。该器每墓两件，下端为方榫，以上饰彩绘花纹，应插在其他物体上。辉县赵固 M1 的彩绘鹿角就倒于铅座旁。此器在楚系墓中常见且保存较好，晋系墓所见与之相同。

（三）丛葬与排葬

除正常的墓地之外，还发现两种不入兆域的埋葬。一种是同一坑内埋葬数十人乃至上百人，尸骨杂乱，可谓之"丛葬"；一种是每墓一人，墓与墓集中成排分布，可谓之"排葬"。

丛葬发现两处。最著名的一处是疑为"长平之战"被坑杀的赵军将士尸骨坑——山西高平市永录 1 号坑[95]。古长平即今长平村，位于高平市西北约 10 公里处，永录村介于长平村与高平市之间。1995 年永录村村民修整农田时发现不少人骨，还有刀币和铜镞，于是山西省考古研究所等单位进行了抢救性发掘。

永录 1 号坑位于永录村村西北较高的梯田里，平面呈不规则长方形。坑的上部和南部、东部受到不同程度破坏，东西长 9 米余，南北残存最宽处为 2.7 米。坑内仅清理了 2/3，尚有 1/3 未清理。已清理部分共见人骨 60 余具，根据坑的面积和深度，估计坑内埋葬的人数有 130 多个，平均每平方米容纳约 5~6 人，相当密集。这些人骨"缺乏一定的排列秩序和分布规律，更无层次可循"，整个特点是"杂乱无章，纵横相叠"，显然不是正常埋葬。经鉴定和观察得知，坑内人骨为一次性乱葬，性别全是男性，而且以 30 岁左右青壮年为主。其中 8 例头部有砸痕或钝器致伤痕；6 例头骨有刀痕；1 例骨内有铜镞。种种迹象表明，这些死者应与战争有关。依坑内出土的刀币和铜镞的特点可知，该坑的埋葬时间约为战国晚期。

时代为战国晚期，埋葬地点又恰在长平之地，故发掘者认为该坑就是长平之战的遗迹，坑内遗骸应是赵军亡卒，这一判断是颇有道理的。

长平之战，规模浩大，赵军被坑杀四十余万，在长平之地还应有很多如同永录 1 号坑这样的丛葬坑。经调查，在长平村至高平市之间丹河两岸的台地上，已发现十余处，如谷口、南王庄、弃甲院、围城、三军、西阳、西河、伯方等村附近。唐以来，这一代常有战国兵器出土，也有不少文人墨客就长平之战发表感慨。至今，这里仍有不少地名与战争有关，如弃甲院（又作企甲院）、箭头村（又作垫头村）、三军、营防岭等[96]。永录 1 号坑的发掘已证明史事不误，若进一步开展工作，一定会有更多的类似发现。

另一处丛葬坑是 20 世纪 30 年代在辉县琉璃阁发掘的M79。该坑为窄长方形，南北长 11 米余，东西宽 1.2 米，深近 1.5 米。坑内埋无头人骨六十余具，"皆肩东足西，排列凌乱"，在几具尸骨的肋间发现穿有铜镞[97]。该坑北部被中型墓M75 打破，发掘者据此和坑内所出铜镞将其推定在战国。M75的年代当为春秋战国之际，丛葬坑 M79 应稍早，可能相当于春秋晚期。由于该坑发掘于 20 世纪 30 年代，详细情况不明，估计这些尸骨应为男性。

无头人骨丛葬坑在商代比较多见，在周代考古资料中则极为罕见。琉璃阁 M79 丛葬坑的性质可能不同于商代者，坑中死者既不是人殉，也不是人牲。发掘者认为可能是战俘，似有一定道理。我以为还有另一种可能，即死者是被敌方斩首的士卒。东周时期的战争，盛行以敌人首级论功行赏，在春秋战国之际三晋铜器上流行的线刻写实图案中，就有斩首和把敌人首级系在器械上的战斗场面。燕下都城南发现过十余座人头骨丛葬坑[98]，只有男性人头，没有肢体。赵化成先生认为可能是燕破齐斩齐人首级归来而埋的"武军"或"京观"[99]。因此，琉璃阁 M79 无头人骨丛葬坑的死者的身份有两种可能，一是战俘，其首级或许被割下另埋他处，有如燕下都之"京观"；也有可能是被敌方割去首级的本军士卒。坑内骨骸虽较凌乱，但都肩东足西，比较有规律，不像长平永录坑人骨那样杂乱无章，也表明未必一定是战俘。

排葬墓也发现两处，一处是前面已介绍的侯马新田遗址第二类墓地，即秦村战国排葬墓地（图二四）[100]。该墓地经钻探，发现 31 排 467 座墓葬，每排有墓多者二十余座，排与排间距相若，墓与墓间距相当，整个墓地的布局规整有序。其中有 85 座经过清理。这些排葬墓的特点与常见墓地的墓葬颇不相同：所有的墓墓坑都很小，方向接近；都没有随葬品；绝大多数为男性，个别为女性；部分墓主姿势奇特，或无头，或少足，或肢体扬起；个别人骨有刀砍痕，还有一墓人骨颈椎内刺入一铜矛，有 3 墓人骨中射入铜镞。

另一处是河南汤阴五里岗排葬墓[101]。此处墓地规模更大，在约 20 万平方米的范围内，发现 4000 多座墓葬。经过发掘的有 210 座，其特点与侯马秦村排葬墓有诸多相同之处。如这些墓"分布密集，东西成行，排列有序"；死者多为男性青壮年；有的尸骨上穿有铜镞；有的有明显刀砍痕。与秦村排葬墓不同之处是这里的墓葬有的有随葬品，种类有陶器、铜器、玉器、铁器等。比较而言，这里墓主人的身份似乎较秦村者略高。依随葬品得知，此处排葬墓属战国中晚期。

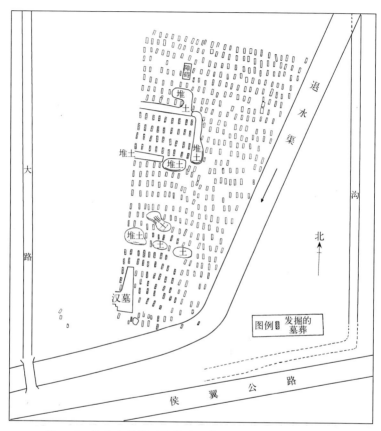

图二四 侯马秦村战国排葬墓分布图（采自《晋都新田》）

就总的特征来看，两处排葬墓非常接近，他们都与正常墓地的分布不同；死者性别与年龄的构成，葬式的奇特与伤痕的多见等也有别于正常的墓葬，因此死者性质应属同类。对此，两处资料的介绍者看法相同，即都认为是战争的牺牲者。这种判断甚是合理。依文献记载，死于兵者不入兆域。既然不能入葬族墓地，那当然要另葬他处。若战争规模大，死亡者众，就自然会为他们独辟墓地，集中埋葬。在东周时期的族墓地中，墓葬分布除较大的墓常见两两成对或三三成组者外，多数与西周时期相同，即看不出有什么规律。我们曾怀疑死者的墓穴可能是在某种规则下通过占卜选定的，即所谓"卜宅"。而上述两处排葬墓的分布却非常有规律，各自墓葬的规格亦相当，方向亦接近，其墓穴选定的规则明显不同于正常的族墓地，很像短期内埋葬。这也与死于战争的推测相符。

注　释

［1］北京大学考古系、山西省考古研究所《1992 年春天马—曲村遗址墓葬发掘报告》，《文物》1993 年第 3 期。

［2］李伯谦《晋国始封地考略》，《中国文物报》1993 年 12 月 12 日第 3 版。

［3］马承源《晋侯对盨》，《第二届国际中国古文字学术研讨会论文集》第 226 页，香港中文大学中文系编集，1993 年。

［4］周亚《馆藏晋侯青铜器概论》，《上海博物馆集刊》第 7 期，上海书画出版社 1996 年版。

［5］刘克甫《北赵晋国墓地性质问题管见》，《古今论衡》2000 年第 5 期；刘克甫《"北赵晋国墓地即晋侯墓"一说质疑》，《晋侯墓地出土青铜器国际学术研讨会论文集》，上海书画出版社 2002 年版。

［6］北京大学考古系、山西省考古研究所天马—曲村遗址考古队《天马—曲村遗址晋侯墓地及相关问题》，《三晋考古》第 1 辑，山西人民出版社 1994 年版。

［7］秋山进午《晋侯墓地の发掘といくつか问题》，《日本中国考古会会报》第 6 号，东京，1996 年。

［8］北京大学考古学系、山西省考古研究所《天马—曲村遗址北赵晋侯墓地第二次发掘》，《文物》1994 年第 1 期。

［9］同［6］。

［10］北京大学考古系、山西省考古研究所《天马—曲村遗址北赵晋侯墓地第五

次发掘》，《文物》1995 年第 7 期。

[11] 卢连成《天马—曲村晋侯墓地年代及墓主考订》，《汾河湾——丁村文化与晋文化考古学术研讨会文集》，山西高校联合出版社 1996 年版。

[12] 张长寿《关于晋侯墓地的几个问题》，《文物》1998 年第 1 期。

[13] 彭林《北赵晋侯墓群与昭穆墓位》，《陕西历史博物馆馆刊》第 6 辑，1999 年。

[14] 北京大学考古文博院、山西省考古研究所《天马—曲村遗址北赵晋侯墓地第六次发掘》，《文物》2001 年第 8 期。

[15] 孙庆伟《也辨"晋公宗室"——兼论晋侯墓 M114 墓主人》，《古代文明研究通讯》总第 10 期，2001 年 9 月；李伯谦《晋侯墓地的新发现》，《2001中国重要考古发现》第 43 ~ 50 页，文物出版社 2002 年版；张懋镕《晋侯墓地文化解读三题》，《晋侯墓地出土青铜器国际学术研讨会论文集》，上海书画出版社 2002 年版；黄盛璋《晋侯墓地 M114 与叔夨方鼎主人、年代和墓葬世次年代排列新论证》，《晋侯墓地出土青铜器国际学术研讨会论文集》，上海书画出版社 2002 年版；孙庆伟《晋侯墓地 M114 年代与墓主的推定》，《晋侯墓地出土青铜器国际学术研讨会论文集》，上海书画出版社 2002 年版。

[16] 李学勤《谈叔夨方鼎及其他》，《文物》2001 年第 10 期。

[17] 张长寿《晋侯墓地的墓葬序列和晋侯铜器》，《晋侯墓地出土青铜器国际学术研讨会论文集》，上海书画出版社 2002 年版。

[18] 许杰《晋侯墓地中南排晋侯墓的早晚序列及其相关问题》，《晋侯墓地出土青铜器国际学术研讨会论文集》，上海书画出版社 2002 年版。

[19] 同 [18]。

[20] 马承源《晋侯对盨》，香港中文大学中文系编《第二届国际中国古文字学术研讨会论文集》第 226 页，1993 年。

[21] 马承源《晋侯苏编钟》，《上海博物馆集刊》第 7 期，上海书画出版社 1996 年版。

[22] 李朝远《晋侯斯方座簠铭管见》，香港中文大学中文系编《第二届国际中国古文字学术研讨会论文集》第 231 页，1993 年。

[23] 邹衡《论早期晋都》，《文物》1994 年第 1 期。

[24] 张颔《晋侯斯簠铭文初识》，《文物》1994 年第 1 期。

[25] 裘锡圭《关于晋侯铜器铭文的几个问题》，《传统文化与现代化》1994 年第 2 期。

［26］同［10］。

［27］李学勤《〈史记·晋世家〉与新出金文》，《学术集林》第 4 辑，上海远东出版社 1995 年版。

［28］李学勤《谈叔夨方鼎及其他》，《文物》2001 年第 10 期。

［29］孙华《关于晋侯对组墓的几个问题》，《文物》1997 年第 9 期。

［30］孙华《晋侯苏/断组墓的几个问题》，《文物》1997 年第 8 期。

［31］张崇宁《从杨姞壶试探杨国的问题》，《中国文物报》1996 年 10 月 13 日。

［32］卢连成《天马—曲村晋侯墓地年代及墓主考订》，《汾河湾——丁村文化与晋文化考古学术研讨会文集》，山西高校联合出版社 1996 年版。

［33］李伯谦《从晋侯墓地看西周公墓墓地制度的几个问题》，《考古》1997 年第 11 期。

［34］李伯谦《晋侯墓地的新发现》，《2001 中国重要考古发现》，文物出版社 2002 年版；李伯谦《晋侯墓地发掘与研究》，《晋侯墓地出土青铜器国际学术研讨会论文集》，上海书画出版社 2002 年版。

［35］冯时《略论晋侯对与晋侯匹》，《中国文物报》1997 年 8 月 24 日；冯时《略论晋侯邦父及其名、字问题》，《文物》1998 年第 5 期。

［36］张长寿《关于晋侯墓地的几个问题》，《文物》1998 年第 1 期。

［37］张长寿《晋侯墓地的墓葬序列和晋侯铜器》，《晋侯墓地出土青铜器国际学术研讨会论文集》，上海书画出版社 2002 年版。

［38］黄锡全《关于晋侯墓地几位晋侯顺序的排列问题》，《跋涉集》，北京图书馆出版社 1998 年版。

［39］黄锡全《晋侯墓地诸位晋侯的排列及叔虞方鼎补证》，《晋侯墓地出土青铜器国际学术研讨会论文集》，上海书画出版社 2002 年版。

［40］刘启益《晋侯邦父墓出土有铭铜器及相关问题》，《徐中舒先生百年诞辰纪念文集》，巴蜀书社 1998 年版。

［41］彭林《北赵晋侯墓群与昭穆墓位》，《陕西历史博物馆馆刊》第 6 辑，1999 年。

［42］徐天进《西周至春秋初年晋国墓葬的编年研究》，《文化的馈赠——汉学研究国际会议论文集》（考古卷），北京大学出版社 2000 年版。

［43］朱凤瀚《关于北赵晋侯诸墓年代与墓主人的探讨》，《文化的馈赠——汉学研究国际会议论文集》（考古卷），北京大学出版社 2000 年版。

［44］孙庆伟《也辨"晋公宗室"——兼论晋侯墓地 M114 墓主人》，《古代文明研究通讯》总第 10 期，2001 年。

[45] 黄盛璋《晋侯墓地 M114 与叔夨方鼎主人、年代和墓葬世次年代排列新论证》，《晋侯墓地出土青铜器国际学术研讨会论文集》，上海书画出版社2002 年版。

[46] 张懋镕《晋侯墓地文化解读三题》，《晋侯墓地出土青铜器国际学术研讨会论文集》，上海书画出版社 2002 年版。

[47] 彭裕商《晋侯苏钟年代浅议》，《晋侯墓地出土青铜器国际学术研讨会论文集》，上海书画出版社 2002 年版。

[48] 刘绪《晋与晋文化的年代问题》，《文物季刊》1993 年第 4 期；马承源《晋侯苏编钟》，《上海博物馆集刊》第 7 期，上海书画出版社 1996 年版。

[49] 徐天进《晋侯墓地的发现及研究现状》，《晋侯墓地出土青铜器国际学术研讨会论文集》，上海书画出版社 2002 年版；李伯谦《晋侯墓地发掘与研究》，《晋侯墓地出土青铜器国际学术研讨会论文集》，上海书画出版社 2002 年版。

[50] 有学者据《礼记·玉藻》"夫人与君同庖"之语，认为夫妇用鼎之数相同，这也许适用于生者某种场合，死后葬品未必如此。

[51] 曹玮《关于晋侯墓随葬器用制度的思考》，《远望集》（上），陕西人民美术出版社 1998 年版。

[52] 宋建《晋侯墓地浅论》，《晋侯墓地出土青铜器国际学术研讨会论文集》，上海书画出版社 2002 年版。

[53] 同 [52]。

[54] 孙机《周代的组玉佩》，《文物》1998 年第 4 期。

[55] 孙庆伟《周代墓葬所见用玉制度研究》，北京大学考古文博学院博士论文，2003 年。

[56] 河南省文物考古研究所等《三门峡虢国墓》第 1 集，文物出版社 1999 年版。

[57] 张辛《中原地区东周陶器墓葬研究》，科学出版社 2002 年版。

[58] 高崇文《试论晋南地区东周铜器墓的分期与年代》，《文博》1992 年第4 期。

[59] 李伯谦《从晋侯墓地看西周公墓墓地制度的几个问题》，《考古》1997 年第 11 期。

[60] 杨建军《三晋东周铜器墓初论》，北京大学考古文博学院硕士论文，2001 年。

[61] 刘绪、徐天进《关于天马—曲村遗址晋国墓葬的几个问题》，《晋侯墓地出土青铜器国际学术研讨会论文集》，上海书画出版社，2002 年版。

［62］同［60］。

［63］中国社会科学院考古研究所《张家坡西周墓地》，中国大百科全书出版社
　　　1999 年版。

［64］同［59］。

［65］"中央研究院"近代史研究所口述历史丛书《石璋如先生访问纪录》第 65
　　　页，2002 年。

［66］《周礼·春官·冢人》："以爵等为丘封之度与其树数"，郑玄注："别尊卑
　　　也，王公曰丘，诸臣曰封。"

［67］依古文献记载，诸侯"五月而葬"，如果新立之侯在丧期内即位，然后铸造
　　　铜器并埋葬死去之侯，那么也可以死者夫人从死陪葬。

［68］黄展岳《中国古代的人牲人殉》，文物出版社 1990 年版。

［69］韩巍《西周墓葬的殉人与殉牲》，北京大学考古文博学院，2003 年。

［70］中国社会科学院考古研究所沣西发掘队《1967 年长安张家坡西周墓葬的发
　　　掘》，《考古学报》1980 年第 4 期。

［71］中国社会科学院考古研究所编著《张家坡西周墓地》第 379 页，中国大百
　　　科全书出版社 1999 年版。

［72］山西省考古研究所、太原市文物管理委员会《太原晋国赵卿墓》，文物出版
　　　社 1996 年版。

［73］郭宝钧《山彪镇与琉璃阁》，科学出版社 1959 年版。

［74］山西省考古研究所《山西长子县东周墓》，《考古学报》1984 年第 4 期。

［75］河北省文管处等《河北邯郸赵王陵》，《考古》1982 年第 6 期。

［76］中国科学院考古研究所《辉县发掘报告》，科学出版社 1956 年版。

［77］张童心、张崇宁《临猗县程村东周墓发掘简报》，《文物季刊》1993 年第
　　　3 期。

［78］中国社会科学院考古研究所编著《陕县东周秦汉墓》，科学出版社 1994
　　　年版。

［79］北京大学、河北省文化局邯郸考古发掘队《1957 年邯郸发掘简报》，《考
　　　古》1959 年第 10 期；河北省文化局文物工作队《河北邯郸百家村战国墓》，
　　　《考古》1962 年第 12 期。

［80］山西省考古研究所晋东南工作站《长子孟家庄战国墓地发掘简报》，《三晋
　　　考古》第 1 辑，山西人民出版社 1994 年版。

［81］山西省考古研究所《上马墓地》第 23 页及墓葬登记表，文物出版社 1994
　　　年版。

[82] 其中 M7184、M7185 有腰坑而填土未见殉狗，是因为这两座墓墓室上部约有
2 米被平田取土时破坏，现存墓室很浅。根据其他墓保存较好且有腰坑的
墓分析，这两墓填土中也应有狗。

[83] 1980 年在洪洞永凝堡发掘 22 座墓葬，其中 10 座有腰坑，因发表的资料太
简单，难做深入研究。

[84]《战国策·齐策》冯谖曰："臣窃计，君宫中积珍宝，狗马实外厩，美女充
下陈。君家所寡有者以义耳！"

[85] 赵化成《周代棺椁多重制度研究》，北京大学中国传统文化研究中心《国学
研究》第 5 卷，北京大学出版社 1998 年版。

[86] 李永敏《1960、1988 年凤城古城遗址、墓葬发掘报告》，《晋都新田》第
130 页，山西人民出版社 1996 年版。

[87] 山西省考古研究所侯马工作站《侯马下平望墓地发掘报告》，《三晋考古》
第 1 辑第 185～186 页，山西人民出版社 1994 年版。

[88] 北京大学考古学系、山西省考古研究所《天马—曲村》第三册第 952 页，
科学出版社 1999 年版。

[89]《说文解字》："翣，棺羽饰也。天子八，诸侯六，大夫四，士二。"又《礼
记·礼器》："天子崩，七月而葬，五重八翣；诸侯……六翣；大夫……四
翣。此以多为贵也。"《礼记·丧大记》也有类似记述。

[90] 曲村 M6210 发掘有误，《天马—曲村》报告已指出，该墓应葬一车。

[91] 吴振录《保德县新发现的殷代青铜器》，《文物》1972 年第 4 期。

[92] 山西省考古研究所侯马工作站《晋国石圭作坊遗址发掘简报》，《文物》
1987 年第 6 期。

[93] 文启明《河北灵寿县西岔头村战国墓》，《文物》1986 年第 6 期。

[94] 上马墓地 M1010 出一件，但无图像资料，不明形状。该墓被定为春秋中期，
若是，春秋中期出现了，但此种极少见。

[95] 山西省考古研究所等《长平之战遗址永录 1 号尸骨坑发掘简报》，《文物》
1996 年第 6 期。

[96] 张颔《谈古长平战场》，《张颔学术文集》，中华书局 1995 年版。

[97] 郭宝钧《山彪镇与琉璃阁》，科学出版社 1959 年版。

[98] 石永士《燕下都抢救清理 1 号人头骨丛葬遗迹》，《中国文物报》1996 年 2
月 4 日。

[99] 赵化成《燕下都"人头骨丛葬遗迹群"性质刍议》，《中国文物报》1996 年
4 月 21 日。

［100］胡敬彪《侯马排葬墓发掘报告》，《晋都新田》，山西人民出版社 1996 年版。

［101］杨育彬《河南考古》第 190 页，中州古籍出版社 1985 年版。

五　社会状况的考古学观察

用考古材料去考察当时社会的方方面面虽有很大的局限，但考古材料毕竟是当时的遗存，它为我们解读当时的社会状况提供了直接证据，所起的作用是文献资料难以替代的。本节即通过部分考古材料对晋国社会状况作些许观察。

（一）社会经济状况

首先是农业。有关周代的农业状况，以往论述主要依文献记载，如谈到农作物则多引录《诗经》，有菽、稻、黍、禾、麻、麦、稷等[1]；谈到农具多引自《诗经》《考工记》等[2]，且以考证耒、耜、钱、镈等的形态与功用为主；谈到农田则多引《诗经》《尔雅》等[3]，有所谓"菑田"、"新田"、"畲田"之论，等等。

至于考古方面的证据，就农作物种类而言，属于周代的材料并不多，但文献所言的上述农作物在黄河流域自新石器时代以来大都已发现，种类确实很多了。

农具方面，木质农具应该比较多，因其难以长久保存故不易发现。考古发现的农具主要用石、骨、蚌制成，其中蚌质者保存较差，形制大都不明。石质和骨质类，器物主要有铲、刀、镰三种。兹以天马—曲村遗址所见为例予以说明。铲有石铲和骨铲两种，为松土之器。石铲是石器中最大的器物之一，一般长15厘米左右，刃部宽7厘米左右；骨铲用大牲畜的肩胛骨或下颌骨加工制成，在骨器中器体也较大，刃部或平或凹。刀和镰是收割之器，以石、蚌为之。其中镰的数量很少，刀的数量很多。石刀共发现313件，占石器总数50%以上。石刀主要是长方形，个体大小相若，一般长约10厘米，宽约5厘米左右，中间多有一孔，多数为双面刃，少数为单面刃，用以切割禾穗[4]。这些农具的形制特征既与其他周文化遗址所见相同，也与夏商文化遗址所见相同，是传统的农业生产工具。仅凭这些工具还难以看出周代农业能比夏商时期高出多少。

至于青铜农具，考古发现甚少，但这不等于当时就如此。大家都以为铜器不像石、骨、蚌器，一旦破损就丢弃，它还可重铸再造。道理虽如此，然青铜农具的使用究竟达到什么程度，据此仍难估量。

要想了解周代乃至商代青铜农具的多寡，了解其在所有青铜器中所占的比重以及由此推测其使用程度，我以为并非毫无办法。如果对当时铸铜作坊作较全面发掘，依各种器物陶（或石）范的数量即可知其大概。西周时期，现知最大的铸铜作坊是洛阳北窑遗址，该遗址1973年以来发掘多次，可惜发表的资料很简单，难知详情。东周时期，现知最大的铸铜作坊即上述侯马新田遗址。该作坊发掘规模大，资料丰富，并有专门发掘报告，为我们提供了难得的信息。据《侯马铸铜遗址》对陶范的统计（原报告第80页），该作坊所铸器物之数量与比例可概括为下表（表一二）。

表一二

器物\地点	生产工具		手工工具	兵器	礼器	乐器	车马器	带钩	空首布	其他	各器碎范	合计
	镬	铲	凿、环首刀等	戈剑镞等	鼎豆壶等	钟	衔等					
Ⅱ号	28	15	23	167	461	431	143	719	435	685	11010	14117
XII号	21632	47	74	135		10	6	10	2339	387		24640

由表中可以看出，两处地点所铸铜器种类有别，Ⅱ号地点若减去各器碎范不计，则主要铸造带钩，其次是青铜礼乐器和空首布；而XII号地点主要铸造生产工具，其次是空首布。把两地点合起来统计，包括各器碎范在内，则生产工具范有两万多块，占55%以上。也就是说，在侯马铸铜遗址发掘最多的两处地点的陶范中，有一半以上的范是铸造生产工具的，所占比重相当可观。实际铸造的生产工具应远大于这一比例，原因有三。一是"各器碎块"在计算时应排除；二是工具范简单，不像形制复杂的器物之范，一器可能破碎很多块，统计之数往往多于实际个体数；三是造型简单的范或许一范可多次使用。

当然，侯马铸铜遗址规模很大，不限于以上两个地点，以上统计结果不代表整个铸铜作坊所铸各种器物的比例。结合其他发掘面积较小的地点推知，该铸铜作坊内部确有分工，其他地点有的主要铸造空首布；有的主要铸造带钩等。XII号地点主要铸造生产工具是没有问题的，能够把生产工具作为特殊器物进行专门化制造，已可说明此类器物在社会生活中的重要性。而此地点所见生产工具范数量之多，以及其在所有铜器中所占比例之高都超出了原来的推测，使以往的模糊估计不再模糊，具有大致接近于实际的计量依据。

总之，侯马铸铜遗址大量农业生产工具范的发现，表明青铜工具在农业生产领域被广泛使用。依侯马铸铜遗址的年代，至少在春秋晚期和战国早期是这样。由此亦可反推春秋早中期及西周时期，青铜生产工具的使用也不会太少。

关于铁质农具的发现与使用情况，上文已有介绍和论述。总体而言，在战国中晚期，冶铁业已很发达，各国普遍发现有铁器。冶铁遗址亦发现多处，其中韩、赵、魏三国尤为突出。这些冶铁遗址出土的范具，有一共同特点，即都以铸造工具特别是农具为主。可以想象，铁器在农业生产领域的大量使用，必然推动农业的迅速发展。

其次是手工业与商业。有关晋国的手工业状况，前面已有论述，特别是东周时期，各行业内部的进一步分工愈加专门化，大规模批量生产显然不是为了自给自足，而是出于商业目的。考古材料中最能说明商业发达的遗物莫过于出土的大量金属货币。

与东周时期他国相比，晋或三晋所出金属货币有以下几个特点：

第一，在出土的东周时期各种形态的金属货币中，三晋所见种类多样。有布币、刀币、贝币、圜钱等。这既与三晋所在地理位置有关，也与其商业发达有关，说明其与他国发生着较广泛的商品交流。

第二，东周时期金属货币发现地点很多，但最集中的地区是三晋两周地区，其次是燕齐之地。前者以布币为主；后者以刀币为主。据朱华先生对 1950~1990 年间山西境内出土的金属货币的统计，地点见于 43 个县 68 处，出土金属货币 3 万多枚。其中仅阳高县天桥村一处窖藏就出 1.3 万余枚[5]。这仅是现今发现的数量，未发现以及被后来改铸他器者难以计数。到底当时金属铸币的数量有多大，从侯马铸铜遗址的发现可见一斑。侯马铸铜遗址仅一个地点（Ⅳ）就出空首布芯 10 万多个，数量之大，令人吃惊。

第三，在东周时期各类金属货币中，布币是最早出现的一种，一般认为空首布早于平首布，空首布中又以宽大与否确定早晚。最早者具体能早到何时，多依年代大体可定的晚期形态进一步推测。被推定为最早的空首布或云"原始布"，几乎都是传世品。推测的结论是否准确，需要考古发掘材料予以证实。在考古材料中，现知最早的空首布发现于晋、周两地，时代均属春秋中期。晋国的发现地点是山西天马—曲村遗址。1990 年在该遗址 H10 区，今天马至曲村大路路旁断面上发现两枚大型空首布（图二五），经清理得知出于灰坑中，此灰坑编号为 H1。H1 残存不多，未见其他遗物。但 H1 被 H2 打破，H2 出土的陶器属春秋晚期偏早阶段，故 H1 的废弃年代不会晚于春秋晚期[6]。因此，这两枚空首布的铸造年代很可能是春秋中期。两枚空首布的形体与以往推测的最早的空首布，即所谓"原始布"或特大型空首布相类。一件通长 15.1 厘米，重 65.7 克（含空首内泥芯）；另一件通长 15.3 厘米，重 79.65 克（含泥芯），是考古发掘所获最大的空首布。周地的发现是洛阳中周路。20 世纪 50 年代在洛阳中周路发掘一批墓葬，其中叠压 M105 的单位出土一件盖豆豆盘，在"靠近腹底划一倒置的方足布形"图案[7]。M105 的时代被定为春秋中期，这件盖豆的时代与之相当或稍晚。总之，天马—曲村所出

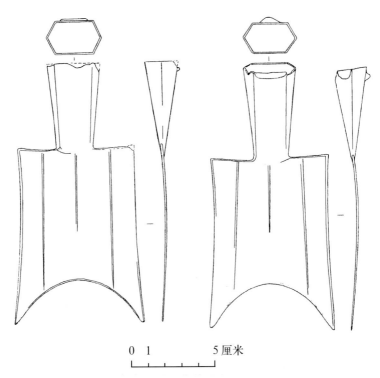

0　1　　　　　5厘米

图二五　天马—曲村遗址出土春秋空首布（采自《天马—曲村》）

实物与洛阳中州路陶器上的图案都是布币在考古材料中最早的
例证。

　　第四，币上多铸有文字，且内容繁杂，其中以地名和重量
单位最为重要，为探讨东周时期三晋各类钱币的铸地、分布、
国别和计量制度提供了依据。

　　以上四点充分说明，三晋金属铸币非常发达，这当然与商
业的发达密切关联。在文献记载中，春秋时期晋国的商人已相
当富有，《国语·晋语八》记叔向论晋都新田富商的情状云：

"夫绛之富商，韦藩木楗以过于朝，唯其功庸少业，而能金玉其车，文错其服，能行诸侯之贿，而无寻尺之禄，无大绩于民故也。""无寻尺之禄"的商人应属私营业老板，私商已如此富有，当时商业的发达程度可想而知。到战国时期，晋之富商如猗顿、郭纵、吕不韦等都是名扬天下的大富豪。商业的发达还表现在各地城邑中出现真正的商业贸易区——"市"，如晋国之市，《左传》宣公八年提到"晋人获秦谍，杀诸绛市"，时当春秋早期偏晚。晋地还发现不少"市"、"亭"陶文，时代虽没有这么早，多属秦汉，但有的可以早到战国时期，如天马—曲村遗址所出"平市"，侯马与翼城所出"降亭"等[8]，证明商业之市确已存在了。

（二）军队与武备

西周时期晋国的军事状况如何，文献缺少记载，一般认为此时的晋国并不强大，晋的强大始于晋献公。然而据新近发现的金文材料得知，西周时期晋国的军事力量未必如一般认识的那样弱小，有以下三件（套）晋侯铜器铭文为证。

一是冒鼎铭文。此器 1990 年在香港面世，范季融先生购而赠上海博物馆。器形为垂腹、柱足、立耳；口下一周回首夔龙纹。这些都是西周中期典型特征。铭文 6 行 43 字，马承源先生释文如下[9]："惟七月初吉丙申，晋/侯令（命）冒追于倗，休/有禽（擒）。侯譬冒皋/胄、毋、戈、弓、矢束、贝/十朋，受兹休。用乍（作）宝/簋，其孙子子永用。"铭文记述晋侯命其下属冒率军进攻来犯之敌于倗地，多有擒获。因而晋侯赏赐冒一套兵器和贝十朋。西周时期规模较大的对外战争，诸侯国国君往往亲自出征。本器铭文所记战事，晋侯没有亲临，而是命下属执行，表明此次战事规模不大，尚未达到晋侯亲自出征的程度，战争的地点倗距晋境也不会太远。马承源先生考证倗即蒲，在晋的西北疆，或有道理。晋国附近本有不少戎狄之邦，彼此发生冲突势所难免，这次冲突规模到底有多大，无法确知，但其结局是晋国取得胜利。

二是"晋侯铜人"铭文。据苏芳淑女士和李零先生介绍，1992 年前，此器在香港出现，现入藏私人之手。此器为一跪坐人像，头戴平顶帽，上身赤裸，腰带下垂作条状蔽膝。铭文浅刻，共两行，自颈部而下经胸腹至蔽膝下端。苏、李二位释文如下[10]："惟五月，淮夷伐格，晋侯搏戎，隻（获）厥君□师，侯扬王于兹。"晋侯参加了这次征伐淮夷入侵的战争，并将其君俘获。这应是奉周王之命进行的一次战争，因为淮夷距晋甚远，即使淮夷入侵的格地也不可能在晋境，若无周王之命，晋侯没有必要出境作战。此铭内容足以说明当时的晋国有着强大的军事力量。那么铭文所记是哪位晋侯？李伯谦先生经过多方面分析之后认为"最有可能就是 6 号、7 号墓组晋成侯夫妇墓中的遗留物"，如此，"晋成侯也是一位功勋卓著有功王室的晋侯了"[11]。此说甚是，据我们 1992 年第一次发掘晋侯墓期间调查获知，晋侯墓地最初被盗的墓就是 6 号和 7 号墓，具体时间是 1990 年小麦已长高但未收割的时候，约当4～5 月份。当时晋侯墓所在地是一停办的砖场，村民修整后种上了小麦，盗墓者在麦田里挖坑行盗。自 1987 年以来天马—曲村盗墓之风兴盛，这里的人们都知道"要想富，挖古墓，夜成为万元户"。6、7 号墓的被盗，立刻引起众多盗家的注意。砖场于 1991 年迅速恢复生产，干起了挂羊头卖狗肉的生意，在烧砖的招牌下，开始了大势盗掘。曲沃县有多名国家干部也参加了盗掘，包括县领导的亲属。33 和 32 号墓盗于 1991年；1、2 号墓盗于 1992 年春节期间。上举冒鼎 1990 年 7 月在香港古玩店出现，很可能是 6、7 号墓中的随葬品。据 8 号墓即晋侯苏墓从 1992 年 8 月 31 日始盗至晋侯苏钟 11 月在香港出售的过程可知[12]，冒鼎 4 月被盗，7 月在港出售亦完全可能，其从被盗至出售所历时日与苏钟相同。冒鼎和"晋侯铜人"应该都是 6、7 号墓的葬品。此两器铭文在晋侯二字之后未缀晋侯之名号，这种表述格式不同于 33 号墓及其以后各墓于晋侯二字之后缀有晋侯名号的格式，而与比 6、7 号墓早的9、13 号和 113、114 号两组墓所见晋侯器铭文相同，即只称晋侯，不缀名号。也说明冒鼎和"晋侯铜人"两器应出自 6、7 号墓，所记晋侯应是晋成侯。晋成侯时当西周中期，此时的晋国已经相当强大了。

三是晋侯苏钟铭文，该器铭文很长，涉及晋侯的内容大致是：（宣王）三十三年三月，晋侯苏受周王之命，率军队伐夙（宿）夷，斩首一百又二十人，捕获俘虏二十三人；接着王又命晋侯苏率其亚旅、小子和戉人继续进攻，再斩首一百人，捕获俘虏十一人，夷人大败而逃。王命晋侯继续追杀，又斩首一百一十人，捕获俘虏二十人。由于战斗有功，晋侯苏受到周王的嘉奖。此钟铭证明，在西周晚期晋侯苏之时，晋国军力非同一般，晋侯苏也为捍卫周王室立过显赫战功。也许并非出于偶然，在现知西周时期的墓葬材料中，最大的车马坑是晋侯墓地晋侯苏的车马坑，现已清出一百多匹马。虽然死后不等于生前，墓葬材料有一定局限，但如此之大的车马坑在晋国发现，且属于晋侯苏应该有其特定原因，苏钟铭文所言应与这种原因有关。

两周之际，在战乱中晋文侯与郑武公、秦襄公合力勤王，护佑平王东迁，在稳定东周初年的局势中发挥了重要作用。可知此时的晋国军力一定更强。春秋时期，晋国成为五霸之一，称霸的资本主要是强大的军队。与他国相比，晋国的军事编制也最复杂。献公时有二军，晋文公时作三军，后来又扩至五军、六军；一度又将步兵编为三行，等等。战国时期，战争愈加频繁，晋占七雄之三，其军力之强乃当然之事，这方面除文献记载外，考古材料中也可找到证据。

与军事相关的考古材料最直接的是兵器。三晋兵器有其独特之处，特别是战国中期以来，兵器上的刻铭内容远比他国复杂，对此，不少学者作过研究。依黄盛璋先生意见，现知三晋兵器刻铭有以下特点[13]：

1. 刻铭有一套格式，反映了铸造时的三级管理监造制度。最高一级是监造者，韩有令和司寇；赵有相邦、守相、大攻尹和令；魏有邦司寇和令。他们是造器之地的掌政者。第二级是主办者，韩有工师和冶尹；赵有工师、冶尹和左右校；魏有工师。最低一级是直接制造者，三晋皆称之为冶。

2. 刻铭多冠有库名，铸造兵器的作坊属于库。库有工师、冶尹和冶等，有一定规模的冶铸设备。同地可能有若干库，库名以左、右、上、下、武等名之。

3. 刻铭中多有地名，冠于监造者或主办者之前，说明这些地方设有铸造作坊，依此可以了解冶铸的分布情况。结合战国钱币文字的地名，得知凡铸造兵器之地往往也铸造钱币。

三晋兵器的这些刻铭格式及部分职官设置虽彼此之间小有区别，但总体特征相近而与他国不同。由于管理严格，取得了物勒工名、以考其诚的效果，故三晋兵器制作精良，三晋兵力亦较精锐。《史记·苏秦列传》记苏秦说韩王时对韩国的兵力和武器大加赞扬，称韩"地方九百余里，带甲数十万。天下之强弓劲弩皆从韩出。谿子、少府时力、距来者，皆射六百步之外。韩卒超足而射，百发不暇止，远者括蔽洞胸，近者镝弇心。韩卒之剑戟皆出於冥山、棠谿、……皆陆断牛马，水截鹄雁，当敌则斩坚甲铁幕，革抉𣚌芮，无不毕具。以韩卒之勇，被坚甲，蹠劲弩，带利剑，一人当百，不足言也"。魏国的军事组织与兵种也很复杂，有武士、苍头、奋击、厮徒、战车、骑兵等，这在其他国家是少见的。按苏秦的说法，前四个兵种共七十余万人，另有战车六百乘，骑五千匹。至于赵国，兵力更强于韩、魏，"地方二千余里，带甲数十万，车千乘，骑万匹"。

（三）科学与技术

科学与技术涉及的范围很广，如上述各种手工业都与之有关。这里主要介绍晋国天文历法。依司马迁《史记》所言，周代能"传天数"的天文学家，周有史佚、苌弘；宋有子韦；郑有裨灶；齐有甘公（德）；楚有唐眛；赵有尹皋；魏有石申[14]。其中三晋就占了两位，特别是石申，因与齐之甘德都曾著有天文著作而最为著名。晋地能出两位天文学家应该有其历史原因。众所周知，周代主要流行三种历法，即以冬至之月为正月的"周正"和以冬至后一月为正月的"殷正"，以冬至后二月为正月的"夏正"。早有学者发现，东周时期的晋国用夏正，这不仅从《古本竹书纪年》和《左传》记载晋事的时间中可以看出，而且在金文中也有证据，此即常被大家引录的栾叔缶铭文[15]。该铭文云："正月季春，元日己丑。余畜孙书已择其吉金，以乍铸缶。以祭我皇祖虞，以祈眉寿。栾书之子孙，万世是宝。"（图二六）铭文开篇就说"正月季春"，正月应该是孟春，可此为季春，说明此正月相当于周历的三月，周历的正月相当于夏历的十一月。此语以夏历记月，以周历记四季。栾书本出于晋，故称叔虞为皇祖并祭祀之。而晋封于"夏墟"，"启以夏政"，晋行夏时则是很自然的事。然晋又出自姬周，采用周历的部分内容也顺理成章，栾书缶的铭文已反映出晋人历法的两重性。这是春秋时期晋国历法的实际情况，西周时期是否也如此，则值得认真思考。

　　西周时期，铭文有记时内容的晋国铜器已发现不少，那么无论据哪种历谱推算铭文记时内容的历史年月，都应考虑到晋国所用历法以建寅之月为岁首的可能性最大，以建子之月为岁首的可能性较小。这主要是就岁首建正而言的，至于每月中的所谓月相和干支日的用法，则与周历相同。

　　以建寅之月为岁首的夏历最适合于农事，故其生命力最强。即使像孔子这样的人物，他出自宋，久居鲁，对周礼又很推崇，本应相信殷历或周历，可他在回答颜渊问治国之道时，却强调要"行夏之时"，把"行夏之时"与"乘殷之辂，服周之冕，乐则韶舞，放郑声，远佞人"看作同等重要。在周代，真正做到"行夏之时"的是晋国。夏历得以流传后世，或与之有关。

　　对于所谓月相，学界存在不同理解。但除初古外，其他如既生霸、既望、既死霸等都认为是周人对一月之内不同时段的记时称谓，这类称谓在晋国铜器铭文中也都具有。而且以往铜

图二六　栾书缶铭文

器铭文中不见的记时称谓，近年在晋国铜器铭文中首次发现，此即晋侯苏钟铭文中的"方死霸"，文献中作"旁死霸"。这一发现说明，周人对一月之内时段的划分要比学界以往的认识复杂，至少在晋国是这样。

晋侯墓地 M114 出土一件铜方鼎——叔夨方鼎[16]，多数学者认为叔夨即叔虞，个别学者认为叔夨乃燮父之名[17]。无论哪种说法，都为晋君，即此器为西周早期晋国铜器。叔夨方鼎首句云"唯十又四月"（图二七），即指某年十四月。十四月在铜器铭文中极为罕见，据刘雨先生统计，此前另有二器[18]，它们是年终闰两个月的证据。年终置闰是商周时期各历之通法，但多为"十又三月"，叔夨方鼎的十四月甚为特别，使人更以为这应该是观象授时的结果。闰月乃历法中大事，在周代，若晋行夏时，其闰月是否与他国相同，值得研究。如果叔夨方鼎的十四月是夏历十四月，则相当于周历四月，那么周历是否在前一年也连闰两月？如果叔夨方鼎的十四月是周历十四月，那么就与晋行夏时相矛盾。也许西周晋行周历，那为什么东周又改行夏历？总之，叔夨方鼎十四月的发现，为我们研究周代及晋国历法提出了新的问题。

"方死霸"和"十又四月"这些罕见的周代历法术语都在西周晋器中发现，这本身就显示出西周时期晋国历法的特殊与复杂，难怪东周三晋出现石申、尹皋两位天文学家。

（四）文字与艺术

晋国的文字资料有金文、甲骨文、盟书文字、货币文字和陶文等。

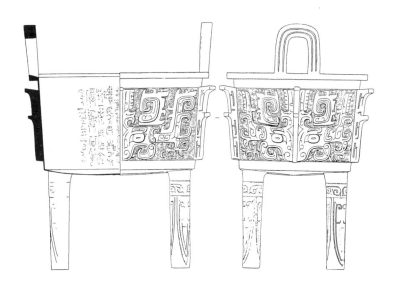

图二七　叔矢方鼎及其铭文

　　西周时期晋国的金文材料过去发现很少，20世纪末由于晋侯墓地的发掘增加很多。总体而言，这一时期晋国金文的特征与他国金文相同，但也有他国尚未发现的新信息。按照传统的认识，西周金文均为铸文，然晋侯墓地所出之西周铜器却有刻文，而且不止一件（套）。最初的发现是1992年冬M8出土的后来被证实是晋侯苏编钟中最后的两件小编钟。M8于1992年8月末被盗，由于北赵村民的干预和保护，盗墓者被迫中断，故墓内尚存部分劫余之物。我们于10月中旬开始对该墓发掘，约与两件劫余小编钟出土时间相当，1992年11月，被盗走的另外14件晋侯苏编钟在香港古玩市场面市，上海博物馆获知后托人买回。由于编钟特征较早，而铭文是刻文，曾被怀疑器物是真，铭文是假。M8两件小编钟发掘出土后，方证明怀疑是多余的，西周晚期铜器确实出现了刻铭。然而这套晋侯苏编钟的铭文并不是最早的刻铭。

　　据苏芳淑和李零所言，"晋侯铜人"也是刻铭，如此，晋国刻铭铜器可早到西周中期[19]，比其他国家早多了。

　　春秋时期晋国铜器铭文最值得一提的是栾书缶铭文，该铭五行，每行八字，全部错金。铭文错金在长江流域东周时期较常见，但多为兵器，且铭文较短。长篇错金铭文器不多，有鄂君启节、曾侯乙编钟等。在黄河流域及北方地区非常少见。虽有学者认为该器与铭文均在楚地所为，但亦承认铭义内容所记为晋事。不排除该器由楚至晋后为栾氏所有，铭文为后刻并错金，当然这需要鉴别铭文到底是铸铭还是刻铭。倘为刻铭，这种推测完全可能。晋地出土南方他国之器已有很多，如徐之庚儿鼎、吴之夫差鉴，楚之楚公逆钟等等。晋国也有错金铭文器物发现，如传出太原的子弄鸟尊等。至于文字书体风格，也很难说与楚系相同。如晋器赵孟疥壶铭文，字形修长，运笔流畅，风格与工整的楚系文字更接近。其实，东周各地区的铭文书体，都难用一种风格来概括。在同一地区，有的镌刻比较随意，且没有严格布局，不讲章法；有的非常规范，且布局整齐，文字美观。这一现象在战国时期仍然存在，中山王墓出土的大量铜器铭文已看得非常清楚。

战国时期，刻铭更加广泛，由于"物勒工名"一类刻铭增多，而且其作者多是铸器者或作坊主办者，随意的镌刻更多，与此相关的就是一字多体的现象比较多见。不过整个三晋地区的文字风格仍较为接近。

晋地的甲骨文仅发现一件，1954 年出于洪洞坊堆遗址，这是西周甲骨文的首次发现，迄今为止，全国发现西周甲骨文的遗址仍屈指可数。该件甲骨共有 8 字，内容与卜问疾病有关。坊堆—永凝堡遗址是一处规模较大的遗址，其中西周时期文化遗存最为丰富，可能是杨国都邑。结合西周其他出土甲骨文的遗址多属各国都邑的现象分析，这里发现甲骨文也很正常。由此还可想到，像天马—曲村那样更大规模的遗址一定也有甲骨文存在。

盟书文字是三晋文字中特殊的一种，其书写工具可能是毛笔。由于盟书书写后很快便埋入盟祭坑内，不再向世人展示，故其书写更为随意，很不规范。可以说是当时最流行的通俗字体。这与那些刻于既实用又具有观瞻价值的青铜器上的文字，如栾书缶、中山王䮥铜壶上的文字相比，判若两个系统。这种不同与文字成形的工具、文字的用意、文字存在的载体及载体的功用等有直接关系。

晋国艺术方面的材料以音乐类最为突出。周代是礼乐制度发达的时代，乐是反映贵族身份等级的重要方面。晋国毫不例外，而且就已有考古发现来看，在各诸侯国中占有重要地位。主要表现在以下几个方面。

首先，晋国发现有现知西周时期最早最多的青铜编钟，此即晋侯墓 M9 所出 4 件编钟。在 M9 发掘之前，已知西周时期最早的编钟是宝鸡竹园沟弶伯墓地 M7 所出 3 件编钟，时代相当于康昭之时。关于晋侯墓 M9 的时代，各家看法不外晋侯燮父与晋武侯二位，若为前者则与竹园沟 M7 年代相当；若为后者则年代稍晚。但是，如果 M9 是晋成侯，则 M114 必为晋侯燮父。M114 被盗，据说该墓也有编钟。若果真是这样，当然也属最早的编钟了。

其次，侯马陶范所铸造的编钟比现知周代最大的编钟大很多。如前文所言，现知周代最大的编钟出于曾侯乙墓，其最大一件镈钟通高 92.5 厘米，最大一件甬钟通高 152.3 厘米。而根据侯马一件编钟舞部陶范所复原的编钟，若为镈钟则通高 138.4 厘米；若为甬钟则通高 2 米有余，都比曾侯乙墓最大者大很多[20]。在文献记载中，恰有晋国铸造大型编钟的内容。如《韩非子·说林下》云："知伯将伐仇由，而道难不通。乃铸大钟遗仇由之君，仇由之君大说，除道将内之。赤章曼枝曰：'不可。此小之所以事大也，而今也大以来，卒必随之，不可内也。'仇由之君不听，遂内之。赤章曼枝因断毂而驱，至于齐七月，而仇由亡矣。"类似的记载还见于《吕氏春秋》等文献。依万荣所出晋大夫邵黶编钟铭文"大钟八聿"一句得知，所谓"大钟"未必是一件休形大的钟，而应是一套体形较大的编钟。知伯为灭仇由国以大钟为诱饵；仇由之君为得到大钟不听忠告而亡国，可见一套大钟是备受各国国君青睐之器。这同时也说明晋国具有铸造大钟的能力，仇由之君喜出望外也许还意味着晋国所铸大钟非同一般。下文所引《吕氏春秋》记师旷为晋平公所铸大钟调音之事就早于知伯铸大钟约一百年，晋国有师旷这样的音乐大师为青铜编钟调音，晋国青铜编钟闻名于各国亦可想而知。

再次，晋国编钟的律名备受东周他国重视。如曾侯乙墓编钟铭文记载有东周部分国家编钟的律名，意在说明曾、楚律名与他国律名的对应关系。除曾、楚之外，其他国家列举了周、晋、齐、申四国。这四国的律名在各件编钟上出现次数最多的是晋，凡六见；次为申，凡三见；再次为周，凡两见。申为曾、楚近邻；周为一朝天子，然他们的律名出现次数远没有晋多。可见曾、楚之地对晋律有着更多的了解，也就是说，晋国的乐律对他国有着更大的影响。

晋国音乐发达的原因我们难以了解全部，其中之一可能与师旷有关。师旷是东周时期著名的大音乐家，他恰是晋国主乐大师。有关他演奏技艺的高超，《韩非子·十过》中有夸张的描述。其辨音的能力《吕氏春秋·长见》有具体记述，内容恰好是对一套大钟的辨音。《吕氏春秋·长见》云："晋平公铸为大钟，使工听之，皆以为调矣。师旷曰：'不调，请更铸之。'平公曰：'工皆以为调矣。'师旷曰：'后世有知音者，将知钟之不调也，臣窃为君耻之。'至于师涓，而果知钟之不调也。是师旷欲善调钟，以为后世之知音者也。"

与音乐相伴的是歌舞，周代各国都很流行。《左传》襄公十一年记郑人在一次赂晋侯的大量贿品中，既有乐师，又有"歌钟二肆，女乐二八"。在晋国的考古资料中，还能找到歌舞的证据。这方面首先要提到的是流行于春秋晚期和战国早期青铜器上的线刻写生图案，这类图案主要有战争、狩猎、采桑、射礼、弋射和宴乐等，都是当时社会生活中最重要的内容。在宴乐图中，既有演奏钟磬等乐器的情景，也有女乐起舞的场面。据研究，这类线刻写生图案的铜器主要属于三晋，说明晋人对乐舞非常重视。其次要提到的是长治分水岭 M14 和 M134 战国墓出土的乐舞俑，M14 有 18 件，M134 有 9 件，是东周时期极为罕见的乐舞材料[21]。由于三晋重视乐舞，不仅拥有师旷这类著名的乐师，也造就了韩娥那样"既去而余音绕梁欐，三日不绝，左右以其人弗去"[22]的著名歌女。

注 释

[1]《诗经·豳风·七月》："六月食郁及薁，七月亨葵及菽，八月剥枣，十月获稻；……九月筑场圃，十月纳禾稼，黍稷重穋，禾麻菽麦"；《小雅·白华》："浸彼稻田"；《大雅·生民》："荏菽旆旆，禾役穟穟，麻麦幪幪，瓜瓞唪唪"。

[2]《周礼·考工记》："车人为耒，庛长尺有一寸"；"匠人为沟洫，耜广五寸"。《诗经·豳风·七月》："三之日于耜，四之日举趾"。《诗经·周颂·良耜》："畟畟良耜，俶载南亩，播厥百谷"；《周颂·臣工》："命我众人，庤乃钱镈，奄观铚艾"。

[3]《诗经·小雅·采芑》："薄言采芑，于彼新田，于此菑亩"；《尔雅·释地》："田一岁曰菑，二岁曰新田，三岁曰畬"。

[4] 此种石刀也许还可用于切割兽皮，加工它器之用，但主要应用于收割禾穗。

[5] 朱华《三晋货币》第 2 页及附表，山西人民出版社 1994 年版。

[6] 北京大学考古学系商周组、山西省考古研究所《天马—曲村（1980～1989）》第 1 册第 279 页，科学出版社 2000 年版。

[7] 中国科学院考古研究所《洛阳中州路（西工段）》第 28 页，科学出版社 1959 年版。

[8] 俞伟超《秦汉的"亭"、"市"陶文》，《先秦两汉考古学论集》，文物出版社 1985 年版。

［9］马承源《新获西周青铜器研究二则》，《上海博物馆集刊》第 6 期，上海古籍出版社 1992 年版。

［10］苏芳淑、李零《介绍一件有铭的"晋侯铜人"》，《晋侯墓地出土青铜器国际学术研讨会论文集》，上海书画出版社 2002 年版。

［11］李伯谦《关于有铭"晋侯铜人"的讨论》，《中国文物报》2002 年 11 月 1 日。

［12］晋侯墓 M8 于 1992 年 8 月 31 日遭盗掘，盗墓者携带枪支，北赵村村委会获知后，遂集合民兵，大家敲击着铁锹锄头呐喊出村，盗墓者被迫逃窜。民兵将盗坑回填，并往坑内灌水，以免短期内再遭盗掘。此案很快告破，被县公安局称为"8·31"盗墓案。10 月中旬我们开始对该墓发掘。2002 年在上海博物馆召开的"晋侯墓地出土青铜器国际学术研讨会"上，马承源馆长说晋侯苏编钟是 2002 年 11 月在香港面世，他托人以巨资买到。

［13］黄盛璋《试论三晋兵器的国别和年代及其相关问题》，《历史地理与考古论丛》，齐鲁书社 1982 年版。

［14］《史记·天官书》。

［15］关于栾书缶的国别、年代及刻铭者是何人，存在不同看法，但铭文内容记载的是晋事，这里采用传统说法。参见瓯燕《栾书缶质疑》，载《文物》1990 年第 12 期；王冠英《栾书缶应称名为栾盈缶》，载《文物》1990 年第 12 期。

［16］北京大学考古文博院、山西省考古研究所《天马—曲村遗址北赵晋侯墓地第六次发掘》，《文物》2001 年第 8 期。

［17］认为是叔虞的学者有李伯谦、李学勤、饶宗颐、王占奎、黄锡全、沈长云、冯时、刘雨等先生；认为是燮父的学者有黄盛璋先生。相关文章见《文物》2001 年第 8、10 期与 2002 年第 5 期。上海博物馆编《晋侯墓地出土青铜器国际学术研讨会论文集》，上海书画出版社 2002 年版。

［18］刘雨《叔虞方鼎铭的闰月与祭礼》，《晋侯墓地出土青铜器国际学术研讨会论文集》，上海书画出版社 2002 年版。

［19］"晋侯铜人"的铭文是铸是刻，尚有疑问，见［11］。

［20］乔淑芝《侯马钟范的联想》，《山西省博物馆八十年》，山西人民出版社 1999 年版。

［21］乔淑芝《长治出土的战国舞乐俑》，《山西文物》1983 年第 2 期。

［22］《列子·汤问》。

六
与其他文化的关系

　　从考古学方面探讨文化之间的关系，主要依靠遗物，而遗物中又以陶器为主。西周时期，晋文化的陶器特征与丰镐地区典型周文化没有太大区别，凡丰镐地区有的器物，晋文化也都具有，不同之处主要是在各时段两者各类器物所占比例不同，下面以沣西遗址和天马—曲村遗址的材料为准比较如下：

　　陶质方面。两者早晚变化一致，即西周早期夹砂陶多，泥质陶少，往后则夹砂陶逐渐减少，泥质陶逐渐增加。到西周晚期，变为夹砂陶少，泥质陶多。与此相应，早期多厚重，晚期较轻薄。

　　纹饰方面。两者特征与早晚变化亦相近，即从早到晚都以绳纹为主，但数量都在缓缓减少，素面陶在缓缓增加，其他纹饰都不多。西周早期绳纹印痕较深，以后渐浅。其他纹饰，都有划纹、堆纹、旋纹、篦纹和压印纹。其中旋纹都是中晚期稍多；篦纹都是仅见于西周中期晚段以来。

　　器物群方面。两者最主要也是数量最多的器物都是鬲、罐、盆、豆、簋。其他器物都较少。就器物种类而言，都是早期略多于晚期。

　　主要器物所占比例与特征。

　　鬲　从早到晚沣西略有减少；天马—曲村减少幅度更小。各种鬲变化特征相同，但沣西在西周早期有一种个体较小的窄平沿高领鬲，数量很少。晚期还多见疙瘩足鬲。这两种鬲在天马—曲村遗址都不见。

罐　种类都较多。都以绳纹罐为主，晚期素面罐和旋纹罐增加，比较而言，沣西增加的略多。另外，沣西在西周早期有一种腹浑圆的小体素面或肩上施二道旋纹之罐，天马—曲村不见。

盆　数量都在增加。西周早期都流行绳纹盆，素面和施其他纹饰的盆都很少。西周中期都出现了旋纹盆，晚期更多。但两遗址各类盆比例变化区别较大。沣西遗址西周晚期绳纹盆很少，大部分是旋纹盆；而天马—曲村遗址在西周晚期虽旋纹盆增加不少，但绳纹盆仍较多。两遗址旋纹盆上的旋纹都施于腹部最大径处，不过特征略有区别，沣西者旋纹间隆起如弦纹；天马—曲村者旋纹间较平，可谓典型旋纹。

豆　数量都在增加，特征变化亦相同。早期都为粗把豆，往后渐变细。中期把中部出现一道凸棱。

簋　西周早期两者种类略有不同，沣西主要是商式簋和"先周"式簋；天马—曲村主要是商式簋，也有少量敛口簋（主要见于墓中），少见"先周"式簋。西周中期以来种类趋同，数量渐少。商式簋在中期偏晚退出舞台，中期都以直腹簋为主，沣西者腹中部往往压印一周"S"形印纹，天马—曲村压此纹饰者较少。簋在晚期都不多。

以上是两者主要陶器的大概比较。在墓葬陶器组合方面，两遗址西周晚期区别甚大。天马—曲村几乎每墓仅出一件陶鬲，其他陶器极少见，特别是豆，在发掘的数百座墓中一件也没有。然而在沣西，西周晚期墓中陶器种类仍较多，至于豆，往往每墓两件。

其他材质的器物，如石、骨、蚌与铜器，亦无大区别。

　　总体而言，两遗址文化面貌基本相同，不同之处甚少，所谓晋文化，实乃周文化一个分支。

　　若将西周时期晋文化与周邻其他同时期诸侯国的考古学文化相比较，如太行山东麓一线的西周各国，区别则更大。主要表现在这些诸侯国的考古学文化除具有周文化因素外，还有较多的商文化因素或当地土著文化因素，对此不一一赘述。为什么西周晋文化中商文化因素很少，而且几乎不见土著文化因素，这很可能与晋西南商代晚期人烟稀少有关（晚商遗址极少）。大概周初分封时，晋没有受封殷民若干族，所受封的"怀姓九宗"很可能主要来自附近山区，周人成为主体。

　　东周时期，由于周王朝的统治日渐衰微，各国独立性日强，西周时期严格的等级制度遭到严重破坏。这是社会发展的大趋势，是当时的普遍现象。这一现象反映在考古学文化面貌上便具有两重性。一方面是各地都在大趋势下发生变化，变化的内容与过程基本相同；另一方面是在变化时各地文化面貌的差异逐渐加大。晋文化也未超出时代的局限，既有与他国保持约当同步发生变化的一面，也有在变化中形成自己特点的一面。以下就此予以说明。

　　城址是最主要的内容。西周时期的城址发现很少，而东周时期迅速增加。尤其是战国时期，数量之多为先秦之最；规模之大前所未见。晋国城址的发现情况与此规律相符，而且能较明显地看出不同等级。既有诸侯之城，又有卿大夫之城。

　　东周时期与城址密切相关的是高台建筑的兴建，各国诸侯竞相为之，呈一争高下之势。高台建筑既是举行重大活动的场所，又是炫耀威严和实力的标志。其数量与规模可谓空前绝后，有不少至今仍巍然矗立。如齐临淄城的"桓公台"、鲁曲

阜城的"望父台"、燕下都的"武阳台"等。在侯马晋都新
田，平望和牛村古城内都有一处高大的夯土台，在城西还并列
有3座夯土台；在郑韩故城宫城内有"梳妆台"；在赵都邯郸
更有多座夯土台，如"龙台""丛台""茶棚台"等；在魏安
邑城内，有"禹王台"。在这众多的各国高台建筑中，就现存
实况而言，以赵都邯郸的"龙台"规模最大，南北长296米，
东西宽264米，高16.3米。仅顶部就长132米，宽102米，
除燕下都"武阳台"外，此面积尚大于其他诸侯国所见各台
的基部。看来，三晋在战国时期的筑台运动中毫不逊色，甚至
还走在前列。

东周时期各地考古资料实际以墓葬为主，居址（包括城
址）材料并不多。在墓葬方面，与西周时期相比，各国也按
照同一模式，同一观念发生着变化，如墓地范围和墓葬规模增
大；坟丘出现；棺椁重数增多且加大；在高级贵族墓中常有
"从死"者；器用僭越，礼下庶人，厚葬盛行，最明显的是用
鼎之制的严重违礼。贵族如此，平民亦如此，仿铜陶礼器取代
了生活类陶器，成为平民墓的主要葬品。此外，东周时期的随
葬品还出现一些新的器类，有的在战国时期非常流行，如带
钩等。

各方面发生变化的关键时期是春秋中期和战国中期。

上述考古学文化的变化是在各国意识形态发生相同变化的
前提下引起的，由于各国具有相对的独立性，因此在同步发生
变化时，有些方面形成了各自的特征。最明显的是文化遗物。

三晋铜礼器的特征与两周地区最为接近，与秦、楚、燕、
齐等国都有一定区别。陶器也大体是这样，同样是鬲，晋系多
为耸肩，有别于周邻他国；同样施暗纹和彩绘，晋系则更为发

达，而且以动物图案最具代表性。另外，晋系还有一些器物不见于周邻他国，如扁腹高领罐、平沿高领壶、碗形钵等。因地缘相邻，有些方面彼此影响。比如墓中放置石圭片的现象与秦相同；赵国北部的墓葬有的用石椁，与北方同时期他族墓类似；韩、魏墓葬的彩绘鹿角可能与楚有关，等等。

在论及晋与他国文化关系时，不能不提及晋国发现的他国铜器，它可从一个方面反映历史的真实。

晋国为西周主要封国，东周曾称霸于诸侯，他通过各种方式一定获取不少他国珍贵器物，兹将晋国发现的他国器物列为下表（表一三）。

表一三　　　　　　晋国发现他国器物登记表

序号	器名	数量	国别	时代	出土地点	文献
1	方鼎	1	商	商	曲村 M6081	《天马—曲村（1980～1989）》
2	楚公逆钟	6	楚	西周晚期	晋侯墓 M64	《文物》1994年第8期
3	杨姞壶	2	杨	西周晚期	晋侯墓 M63	《文物》1994年第8期
4	虞侯政壶	1（2）	虞	西周晚期	征集（潞城?）	《文物》1980年第7期《文物》1986年第6期
5	荀侯匜	1	荀	两周间	闻喜上国 M51	《三晋考古（一）》
6	陈公子壶	1	陈	春秋早期	闻喜上郭	《山西出土文物》
7	庚儿鼎	2	徐	春秋晚期	侯马上马墓地 M13	《考古》1963年第5期
8	陈喜壶	1	齐	春秋	太原征集	《文物》1961年第2期

续表一三

序号	器名	数量	国别	时代	出土地点	文献
9	䣄镈	1	齐	春秋	万荣庙前	《殷周青铜器通论》
10	吴王姑发剑	1	吴	春秋	榆社城关	《文物》1990 年第 2 期
11	王子于戈	1	吴	春秋	万荣庙前	《文物》1962 年第 4~5 期
12	吴王光剑	1	吴	春秋	原平峙峪	《文物》1972 年第 4 期
13	吴王夫差剑	1	吴	春秋	辉县征集	《文物》1976 年第 11 期
14	吴王夫差鉴	1	吴	春秋	代县蒙王村	《山西通志》
15	吴王夫差鉴	1	吴	春秋	辉县	《商周金文录遗》

以上凡 15 器，第 1 号方鼎为商文化器物，出于西周早期墓，应为西周初年晋国受封之器，被作为葬品放入 M6081 墓中。第 2 号 6 件楚公逆钟出于晋侯邦父——晋穆侯墓中，穆侯为献侯苏之子。如上文所言，献侯时晋国已很强大，据晋侯苏钟铭文，献侯因辅佐周王征伐夙夷而受赏，虽然赏品中没有提到编钟，但不排除有而未列或另外受赏。西周晚期晋楚直接来往的可能较小，楚器在晋发现应属间接行为所致。第 3~5 号器物涉及的杨、虞、荀都是晋的近邻，春秋时被晋所灭，它们与晋应属同一文化系统，其器在晋地发现乃情理中事。第 6~15 号有两个特点最突出，一是几乎都属于春秋器物；二是均属南方和东方诸国器物，其中又以吴器最多，吴器中又以兵器最多。依文献记载，在晋与他国的交往中，与吴的关系相当密切，因此吴器在晋地发现多也很自然。特别是备受各国贵族仰慕的吴国青铜剑，在晋地已发现 3 件，为数不少，实际应当

更多。

　　春秋时期，各国之间以物相贿或联姻陪器（媵器）的现象非常普遍，晋作为五霸之一是当然的受益者。《左传》成公十年云："晋立大子州蒲以为君，而会诸侯伐郑，郑子罕赂以襄钟"。襄公十一年记郑国再次以乐师、编钟、女乐、各种车辆赂于晋侯。襄公十九年记鲁公"贿荀偃束锦、加璧、乘马，先吴寿梦之鼎"。襄公二十五年记晋"以报朝歌之役"而伐齐时，齐向晋君及其属下大规模行贿，云"赂晋侯以宗器、乐器。自六正、五吏、三十帅、三军之大夫、百官之正长、师旅及处守者皆有赂。晋侯许之"。几乎晋国各部门的官员人人有份。上表所列他国器物有的应是通过这种方式进入晋国的。

参考书目

1. 中国科学院考古研究所《辉县发掘报告》，科学出版社 1956年版。

2. 郭宝钧《山彪镇与琉璃阁》，科学出版社 1959 年版。

3. 童书业《中国古代地理考证论文集》，中华书局 1962 年版。

4. 山西省文物工作委员会编《侯马盟书》，文物出版社 1976 年版。

5. 北京大学历史系考古教研室商周组《商周考古》，文物出版社 1979 年版。

6. 山西省文物工作委员会编《山西出土文物》1980 年版。

7. 郭宝钧《商周铜器群综合研究》，文物出版社 1981 年版。

8. 杨宽《战国史》，上海人民出版社 1981 年版。

9. 黄盛璋《历史地理与考古论丛》，齐鲁书社 1982 年版。

10. 李学勤《东周与秦代文明》，文物出版社 1984 年版。

11. 俞伟超《先秦两汉考古学论集》，文物出版社 1985 年版。

12. 杨育彬《河南考古》，中州古籍出版社 1985 年版。

13. 黄展岳《中国古代的人牲人殉》，文物出版社 1990 年版。

14. 北京大学考古系编《考古学研究（一）》，文物出版社 1992 年版。

15. 河南省文物研究所等《登封王城岗与阳城》，文物出版社 1992 年版。

16. 山西省考古研究所《侯马铸铜遗址》，文物出版社 1993 年版。

17. 香港中文大学中文系编《第二届国际中国古文字学术研讨会论

文集》，1993 年。

18. 山西省考古研究所编《三晋考古》第 1 辑，山西人民出版社 1994 年版。

19. 山西省考古研究所《上马墓地》，文物出版社 1994 年版。

20. 中国社会科学院考古研究所编《陕县东周秦汉墓》，科学出版社 1994 年版。

21. 山西省考古学会、山西省考古研究所编《山西省考古学会论文集（二）》，山西人民出版社 1994 年版。

22. 山西省考古研究所编《山西考古四十年》，山西人民出版社 1994 年版。

23. 朱华《三晋货币》，山西人民出版社 1994 年版。

24. 张颔《张颔学术文集》，中华书局 1995 年版。

25. 山西省考古研究所侯马工作站编《晋都新田》，山西人民出版社 1996 年版。

26. 山西省考古研究所《侯马陶范艺术》，（美）普林斯顿大学出版社 1996 年版。

27. 山西省考古研究所、太原市文物管理委员会《太原晋国赵卿墓》，文物出版社 1996 年版。

28. 中国考古学会、山西省考古学会、山西省考古研究所编《汾河湾——丁村文化与晋文化考古学术研讨会文集》，山西高校联合出版社 1996 年版。

29. 邹衡《夏商周考古学论文集》（续集），科学出版社 1998 年版。

30. 李伯谦《中国青铜文化结构体系研究》，科学出版社 1998 年版。

31. 北京大学考古系、山西省考古研究所《天马—曲村（1980 ~ 1989）》，科学出版社 1999 年版。

32. 山西省考古学会、山西省考古研究所《山西省考古学会论文集（三）》，山西古籍出版社 2000 年版。

33. 上海博物馆编《晋侯墓地出土青铜器国际学术研讨会论文集》，上海书画出版社 2002 年版。

34. 上海博物馆《晋国奇珍——山西晋侯墓群出土文物精品》，上海人民美术出版社 2002 年版。

35. 张辛《中原地区东周陶器墓葬研究》，科学出版社 2002 年版。

后 记

　　1980 年以来，陆陆续续参加了山西省天马—曲村遗址的考古发掘、资料整理和报告编写工作，遂对晋文化有了一定了解，所以在 20 世纪末国家文物局组织编写《20 世纪中国文物考古发现与研究丛书》时，便承担了《晋文化》一书的撰写任务。

　　按照丛书编写要旨，本书原名为《晋文化的考古发现与研究》，重点是总结 20 世纪晋文化考古的重大发现与研究成果，故书中内容实际分两大部分。一是有关晋文化的重要发现，即本书第一章；二是有关晋文化的研究成果，即本书第二至六章。对于前者，因属资料性总结，故力求客观、全面，无所谓重要与否，均一并收集，概括介绍。之所以如此，意在向读者提供研究线索。对于后者，即对晋文化研究成果的总结，当初的设想要比现在这个样子复杂些。以往学术界对晋文化的研究还很薄弱，涉及的内容限于局部某些方面，专题性较强，但缺乏系统性，甚至有不少空白需要填补。若仅总结以往研究成果，觉得范围有限，欠缺太多，似有不妥。于是列出一个自以为涵盖内容比较全面的编写大纲，其中有些方面未曾研究过，意欲补缺。后因时间与篇幅所限，有些方面没写，有些方面写了又被删减。总之，设想未能如愿，较为遗憾。不过，没写的基本属补缺部分，好在编写要旨是总结以往研究成果，补缺本有添足之嫌，故没写也能说得过去。删减的主要是第二章文化分期部分，包括各期文化特征，主要器物演变等等。其内容大都可以在原报告中找到，读者可以自己去总结归纳，或许比我的总结更准确、可靠。

限于个人能力，书中难免有不当甚至谬误之处，欢迎批评指正。

由于太多行政事务的干扰，加上必须完成的本职工作——教学与实习，撰写时断时续，交稿时间一拖再拖。本书得以完成，要特别感谢丛书执行主编朱启新先生，是朱先生在一遍遍督促的同时，又给以鼓励和宽容。

最后还要感谢文物出版社的窦旭耀先生，他为本书的编辑付出了辛劳。

作者
2007 年 2 月

图书在版编目（CIP）数据

晋文化／刘绪著. －－北京： 文物出版社， 2007.9
（2020.11重印）
（20世纪中国文物考古发现与研究丛书）
ISBN 978－7－5010－1782－9

Ⅰ.晋… Ⅱ.刘… Ⅲ.考古发现－研究－山西省
Ⅳ.K872.25

中国版本图书馆CIP数据核字（2005）第079338号

20世纪中国文物考古发现与研究丛书

晋文化

著　　者　刘　绪

封面设计　张希广
责任印制　张　丽
责任编辑　窦旭耀
出版发行　文物出版社
社　　址　北京市东直门内北小街2号楼
网　　址　http：//www.wenwu.com
邮　　箱　web@wenwu.com
印　　刷　河北鹏润印刷有限公司
开　　本　850mm×1168mm　　1/32
印　　张　8.5
版　　次　2007年9月第1版
印　　次　2020年11月第2次印刷
书　　号　ISBN 978－7－5010－1782－9
定　　价　40.00元